DIE GRAZER SPITZE

Was immer du tun kannst oder träumst zu können, fang damit an!
Mut hat Genie, Kraft und Zauber in sich!

Johann Wolfgang von Goethe

INHALT

D 100 Jahre lang lag und schlummerte ein interessanter kleiner Klöppelschatz von der Grazerin Berta KÖRÖSI in einer Lade. Anfang 1990, wohl ein Zufall, überreichte mir jemand vier dünne Heftchen mit Klöppelbriefen und anderem alten Klöppelmaterial. Ich legte diese Unterlagen zur Seite und verlor sie aus den Augen. Anfang 2004 nahm ich diese Heftchen wieder zur Hand und plötzlich erkannte ich die Wichtigkeit dieser gezeichneten Muster sowie die genau beschriebenen einzelnen Motive. Behutsam begann ich diese von einer Grazerin gezeichneten Spitzen genau zu studieren. Immer wieder stellte ich mir die Frage: „Wie sah diese große Könnerin der Klöppelkunst ihre selbst gezeichneten Motive?" Je länger ich mich mit ihren Erklärungen befasste, desto besser erkannte ich die Besonderheiten ihrer Entwürfe und Technik. Z. B. die Flechterverbindungen, bestimmte Übergänge bei den Motiven, die Ösen und viel mehr werden anders geklöppelt, als ich sie als Klöpplerin kenne. Leider sind keine geklöppelten Spitzen dieser Art erhalten bzw. sind solche nicht auffindbar. So fasste ich den Entschluss, diesen wunderschönen Motiven Farbe zu verleihen, sie aber technisch genau nach der Beschreibung von Berta Körösi zu klöppeln.

E *For a whole century an interesting little treasure about bobbin lace, written by Berta KÖRÖSI, a lady from Graz, had been lying and slumbering in a drawer. Perhaps by a fortunate coincidence, I was given four thin booklets and some other accessories for bobbin lace work in 1990, but I just put these papers aside and didn't think of them anymore. It was in the beginning of 2004, that the booklets fell into my hands again and all of a sudden I realised the significance of these drawn patterns and the exact descriptions of every single motif.*
I carefully started to study these lace works, which had been designed by a lady from Graz. Again and again I asked myself: „What did this great artist of bobbin lace works see in the patterns she had designed?" The longer I dealt with her explanations, the more I recognised the peculiarities of her drafts and technique, e.g. connections of the braids, certain crossing with the motifs, the picots and much more are made in a different way than I am used to as a bobbin lace worker. Unfortunately, none of the laces of this kind are preserved or they are untraceable, so I decided to breathe new life into these marvellous motifs by exactly following the instructions of Berta Körösi when making her bobbin lace works.

F *Pendant presque un siècle resta endormi dans un tiroir un trésor dentellier d'une habitante de Graz, Berta KÖRÖSI. Il y a environ 25 ans, par un heureux hasard, une personne me remit quatre petits livrets avec d'autres matériels de dentellière. Débordée de travail, à l'époque, je mis les dits documents dans une armoire et les perdis de vue. Quand je repris ces livrets en main en 2004, je réalisai soudain l' importance de ces modèles ainsi que des descriptions de ces motifs dentelliers. Méticuleusement je commençai à étudier ces dentelles dessinées par une habitante de Graz. Je me posais éternellement la même question: „Comment voyait elle-même cette grande experte de l'art dentellier ses propres modèles dans leur réalisation?" Plus j'analysais ses explications, plus je reconnaissais la particularité de ses croquis et de la technique employée. Par exemple, les liaisons entre tresses, les passages nécessaires entre différents motifs, les picots aussi, et d' autres éléments sont tout différemment agencés que moi-même je les connaissais en temps que dentellière. Malheureusement on ne peut trouver aucune dentelle réalisée dans cette technique. Ainsi je pris la résolution de donner à ces motifs magnifiques des couleurs, tout en suivant à la lettre la technique décrite par Berta Körösi pour la réalisation de ces dentelles.*

I *Un inestimabile tesoro della Signora Berta Körösi di Graz è rimasto chiuso a sonnecchiare in un cassetto per circa 100 anni.*
Circa 25 anni fa, per caso, mi furono consegnati quattro libretti sottili contenenti materiale per il pizzo. A causa di altri lavori misi questi documenti da parte e li persi di vista.
Dieci anni fa ripresi questi quadernetti e improvvisamente riconobbi l'importanza dei disegni così come delle spiegazioni dei singoli motivi.
Con cautela cominciai a studiare questi pizzi disegnati da un abitante di Graz.
La mia domanda che mi ponevo di continuo era: "Come realizzò questa grande esperta dell'arte del merletto i suoi stessi motivi?" Mi interessai a lungo per le sue spiegazioni riconoscendo la particolarità dei suoi progetti e della sua tecnica. Per esempio le modalità di intreccio, i passaggi diversi in questi motivi, le asole ed altro furono realizzati diversamente da quello che sapevo in quanto merlettaia.
Purtroppo non sono rintracciabili pizzi di questa arte.
Decisi dunque di dare colore a questi meravigliosi motivi, seguendo precisamente la tecnica spiegata nelle descrizioni di Berta Körösi.

GRAZ

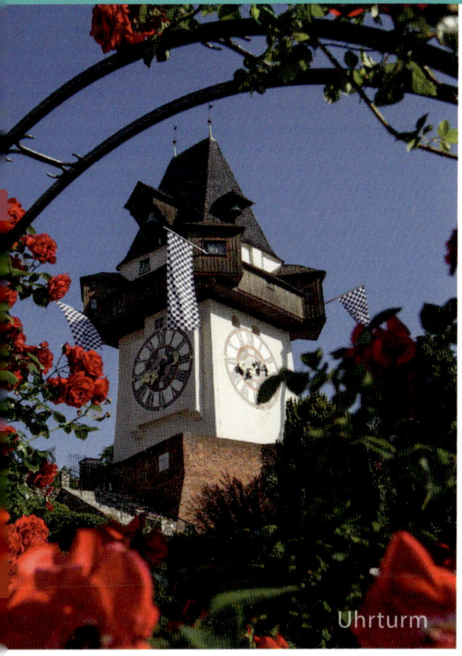

Uhrturm

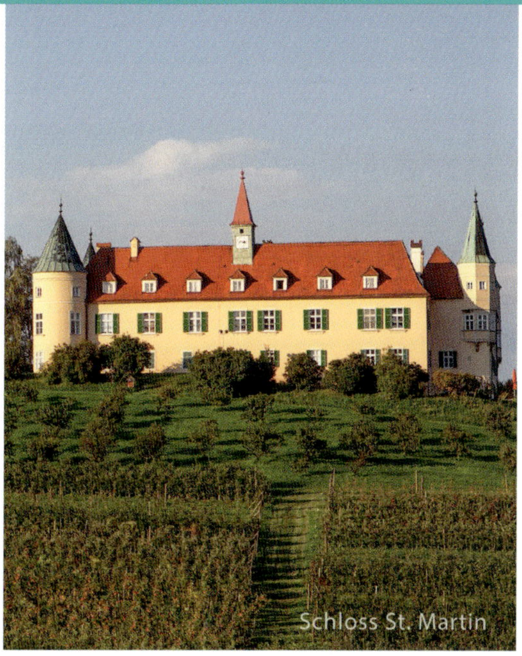

Schloss St. Martin

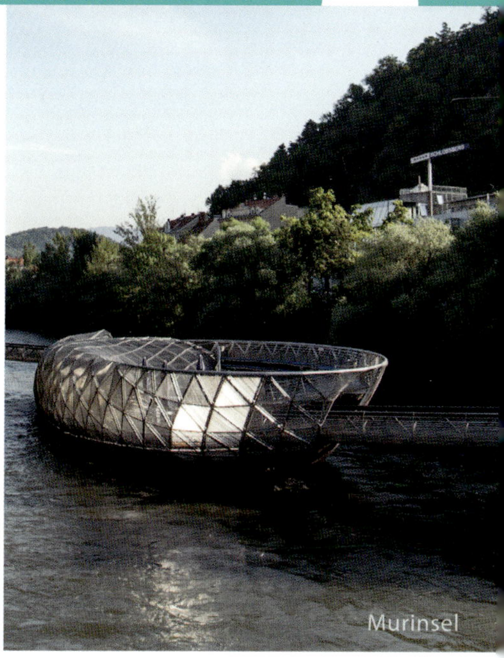

Murinsel

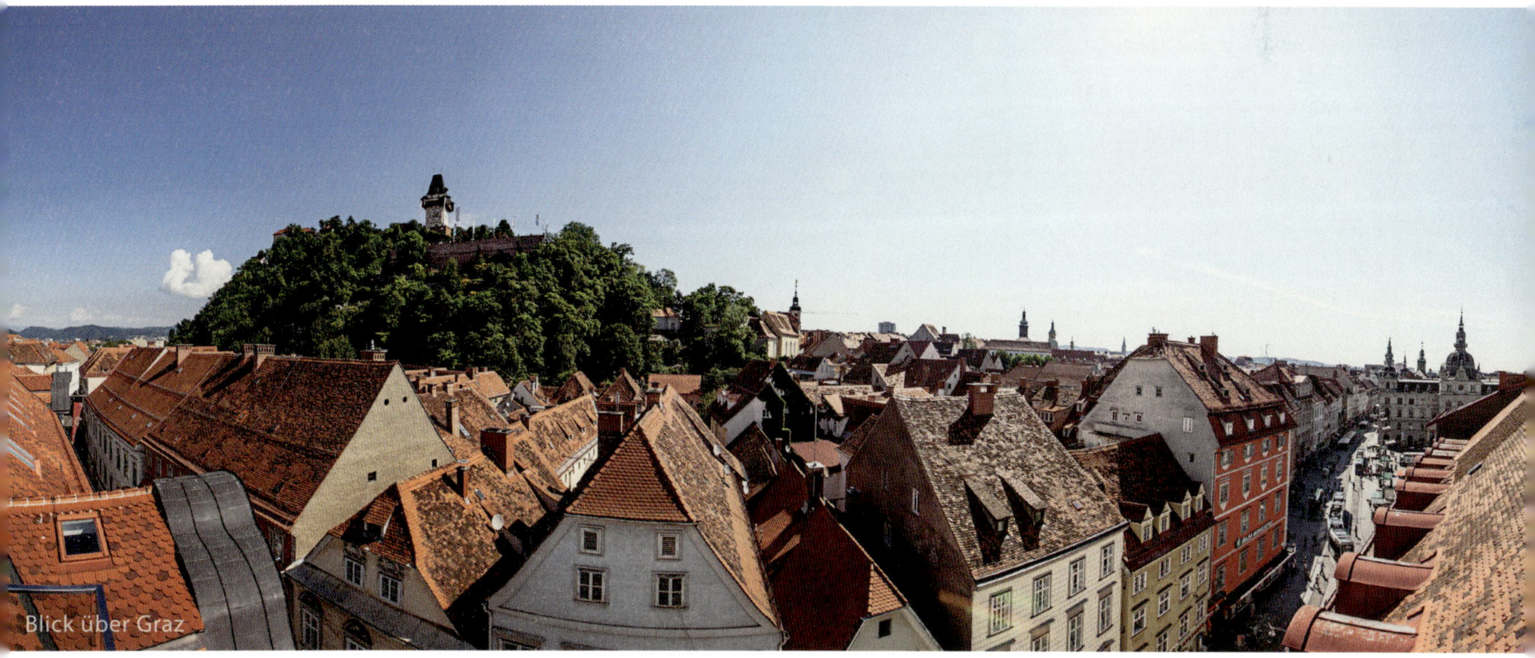

Blick über Graz

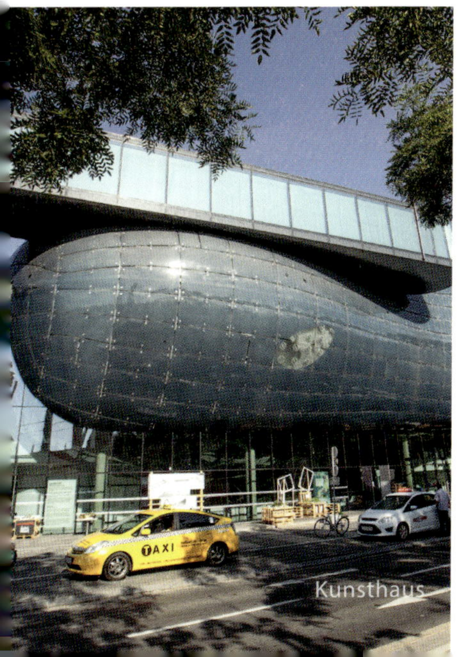

Kunsthaus

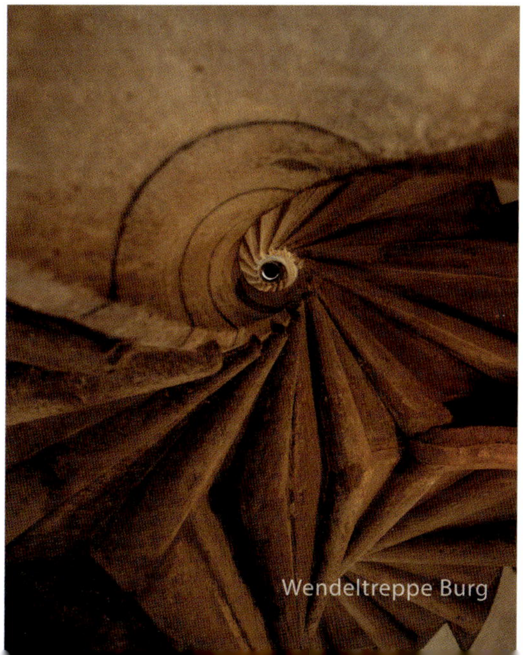

Wendeltreppe Burg

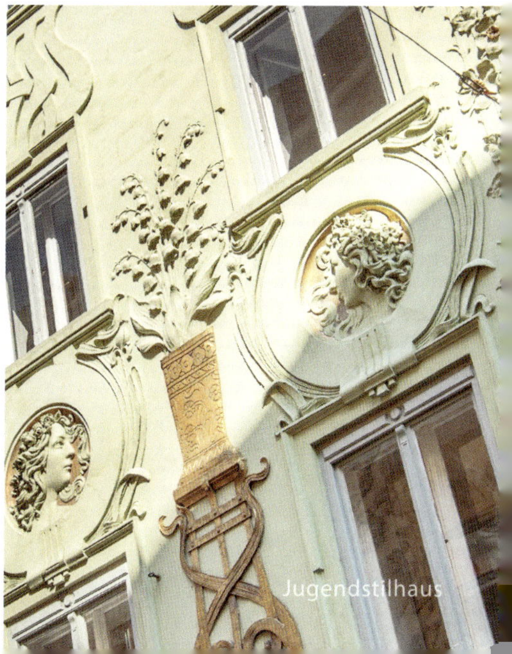

Jugendstilhaus

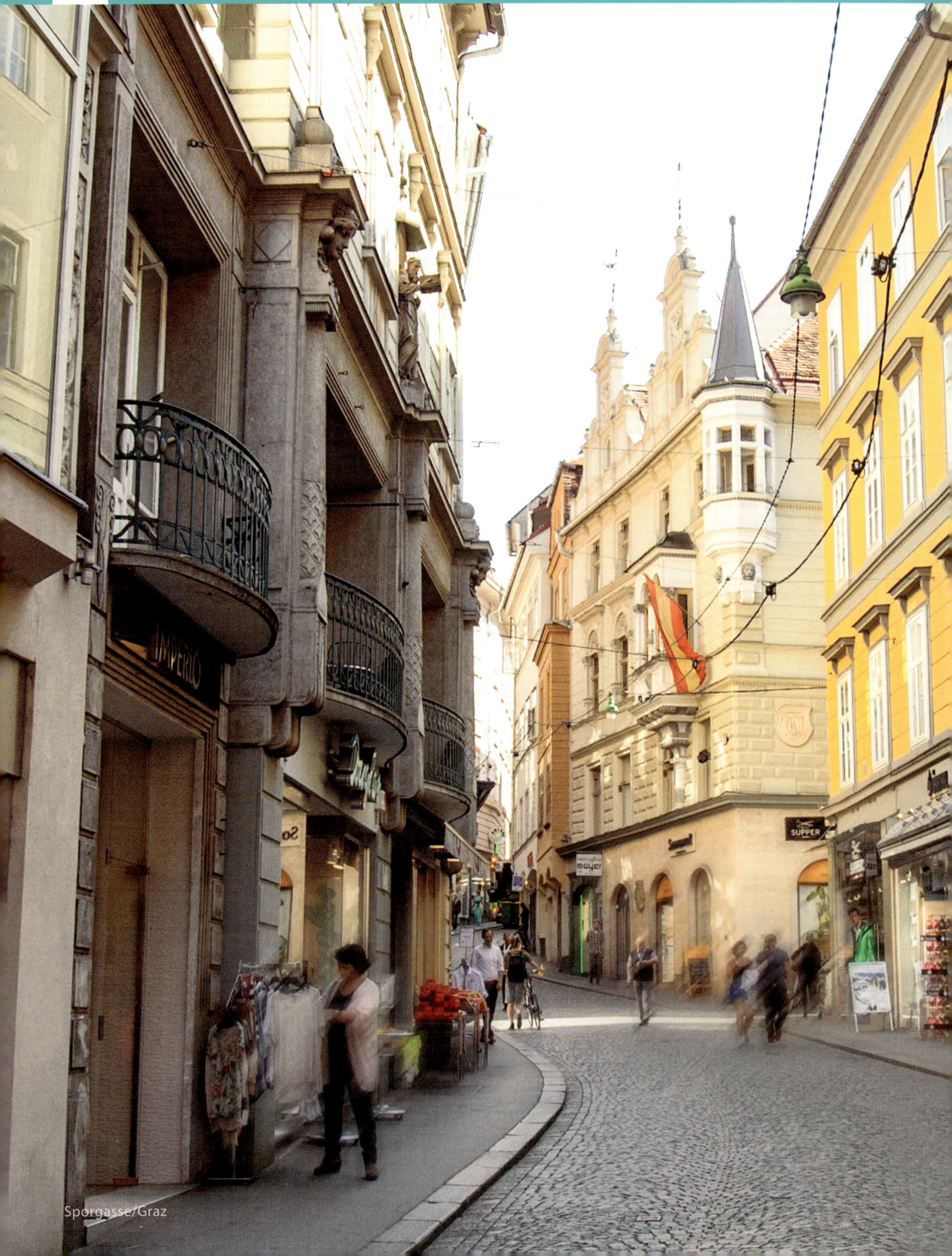

Sporgasse/Graz

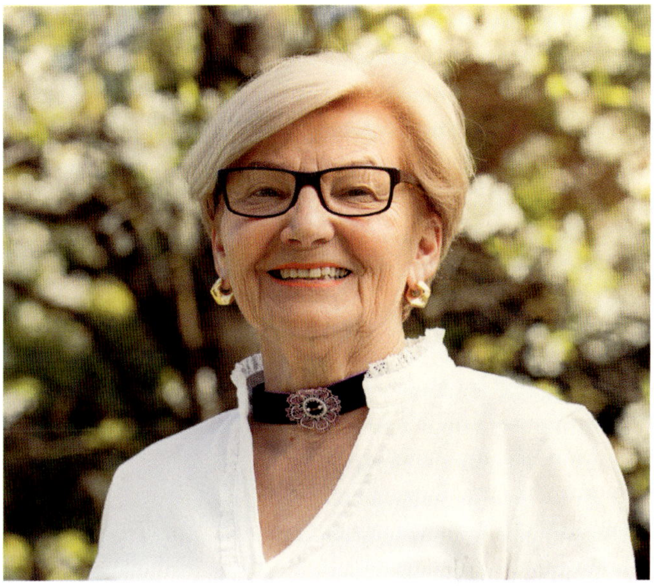

Meine Liebe zu Faden und Klöppel!

In meinem fünften Lebensjahr entdeckte ich die Handarbeit als eine Quelle meiner Kreativität. Dies prägte mich so sehr, dass ich eine Ausbildung u. a. als Fachlehrerin für textile Handarbeit abschloss.

Mein weiterer Lebensweg führte mich durch die Heirat mit D.I. Paul De Ro, einem Belgier, nach Brüssel. Dort lernte ich die Vielfalt der belgischen Klöppelspitzen kennen. Das war der Beginn meiner Liebe, mit Faden und Klöppel zu arbeiten.

Ein 10-jähriges intensives Studium der unterschiedlichsten europäischen Klöppelspitzentechniken begann.

Nach Übersiedlung mit meiner Familie zurück in meine Heimatstadt Graz bekam ich eine Anfrage des Bildungshauses Schloss Sankt Martin, damalig Volksbildungsheim, Klöppelkurse abzuhalten, um diese vergessene Technik weiterzugeben. Es gesellten sich viele weitere Handarbeitstechniken dazu, zum Beispiel Occhi, Richelieu, Hessenstickerei, Netztechnik, Reticella, Assisi, um nur einige zu nennen, die ich seit über 30 Jahren mit Kursen in ganz Österreich lehre.
Sankt Martin entwickelte sich durch meine langjährige intensive Lehrtätigkeit zum Zentrum der europäischen Handarbeitstechniken.
Alle 5 Jahre wird es zum Treffpunkt der internationalen Fachwelt.
Mein Ziel ist es immer gewesen, den Erhalt und die Weitergabe der großen Vielfalt der Handarbeitstechniken zu sichern und die Kreativität der Kursteilnehmer zu fördern.

Glück ist das einzige, das sich verdoppelt, wenn man es teilt. In diesem Sinne möchte ich dieses Klöppelbuch der Grazer Spitze in viele Klöpplerinnen Hände legen.

Emma de Ro

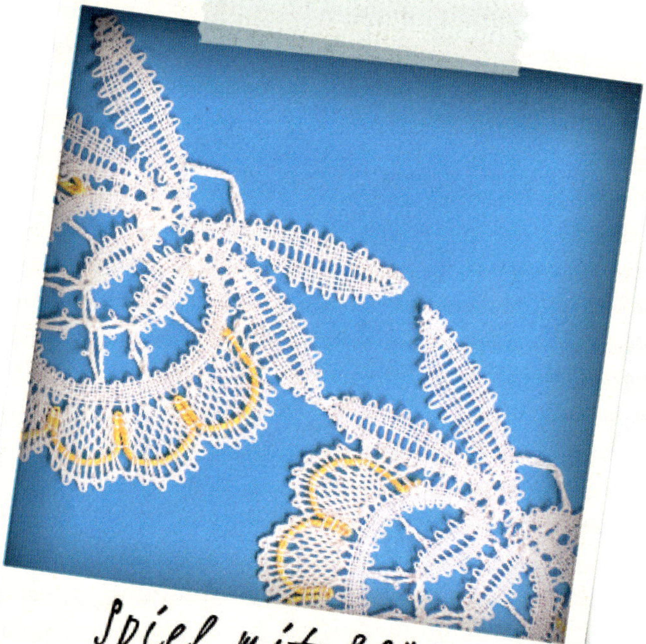

Spiel mit Blüten

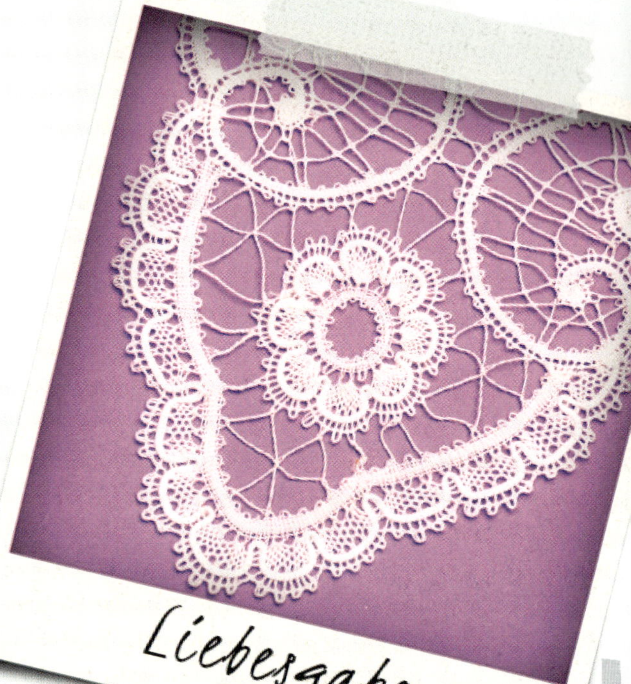

Liebesgabe

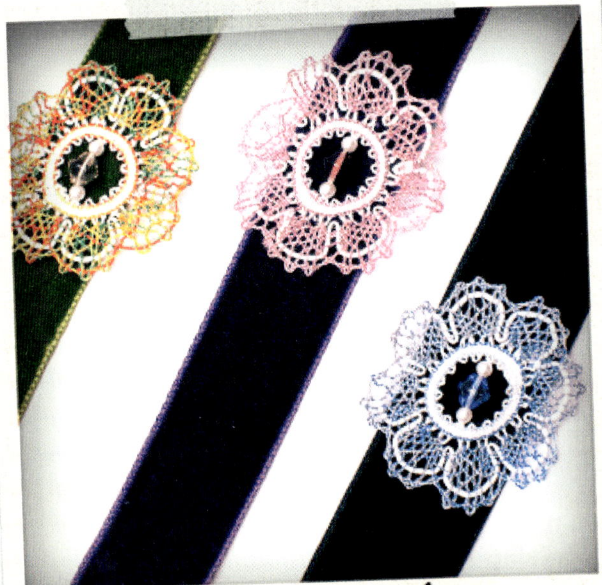

Knopfbänder

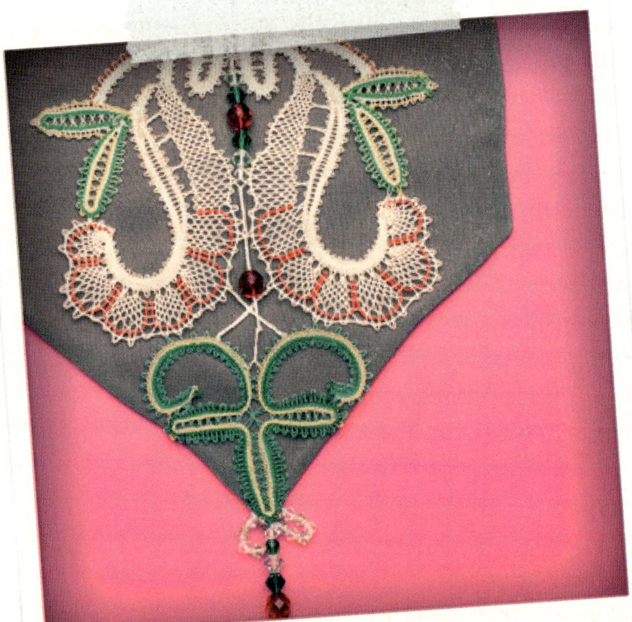

Schal

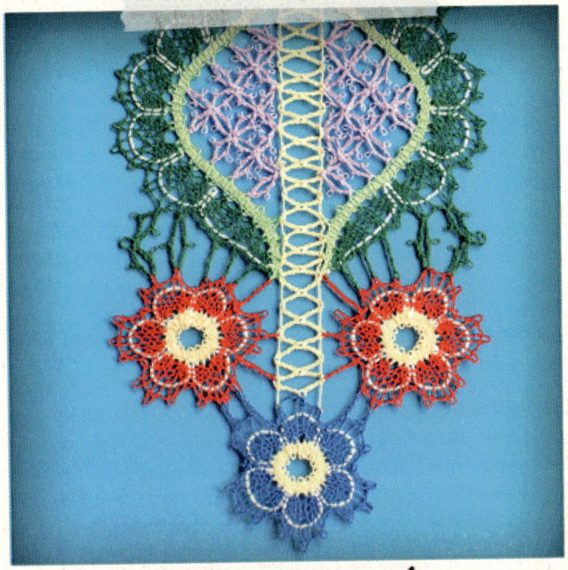

Tischband

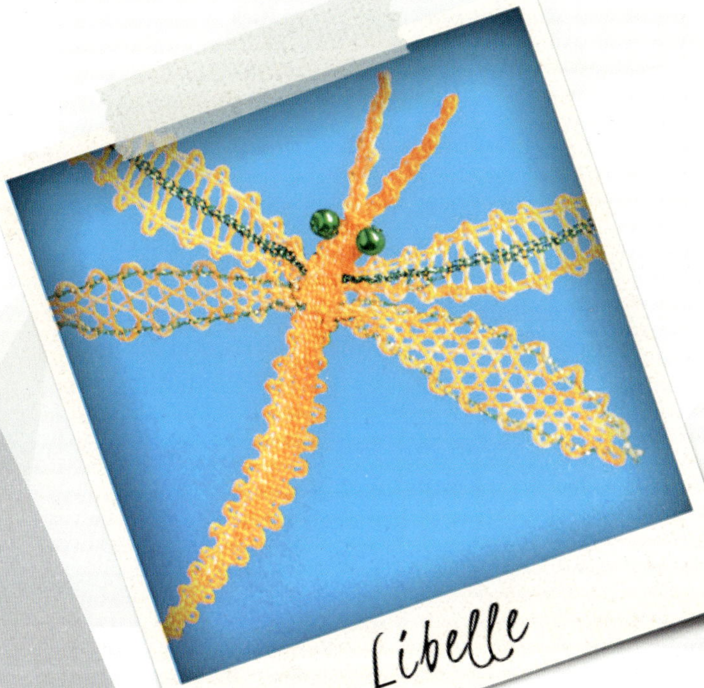

Libelle

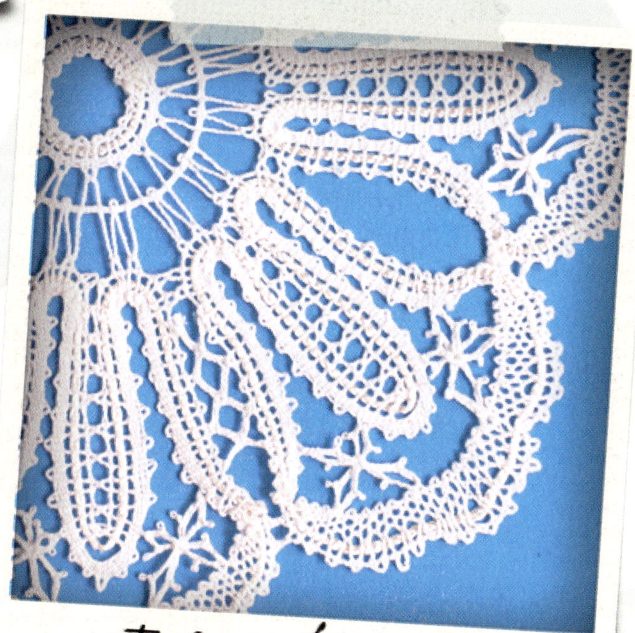

Tulpendeckchen

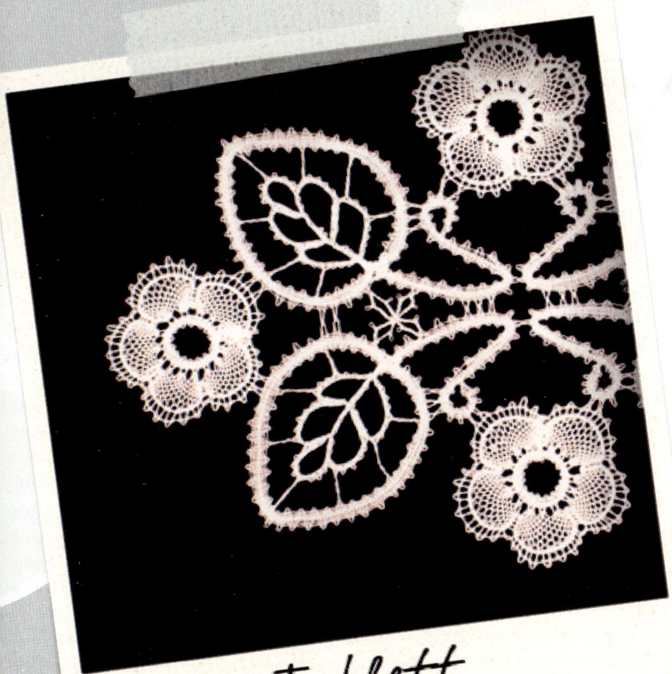

Tablett

D

EINLEITUNG

Einige Grundelemente der Grazer Spitze wurden von Berta Körösi um 1900 zur Jugendstilzeit entworfen und gezeichnet. Es wurden hauptsächlich Motive aus der Natur dargestellt, sowohl aus der Flora als auch aus der Fauna, wie Tulpen, Rosen, Iris, Sonnenblumen, Blätter in verschiedenen Arten, Schmetterlinge, Libellen, um nur einige zu nennen. Im vorigen Jahrhundert gab es allerdings noch den Spruch „Spitze ist weiß". Daran hatte man sich zu halten. Diese wenigen Jugendstilformen haben mich begeistert und inspiriert, neue Klöppelbriefe, die sich in diesem Buch finden, zu entwerfen.
So entstand die Grazer Spitze im 21. Jahrhundert.
Ein besonderer Dank ergeht an Frau Mag. Brigitta Lechner, an Frau Heidi Kreuzer und meinen Mann für ihre unermüdliche Hilfe und Kooperation.

MERKMALE DER GRAZER SPITZE

1. Die Spitze enthält immer einen Konturfaden, sehr oft auch ein Konturfadenpaar. Durch ihre Stärke und die bunte Farbauswahl beleben sie die Spitze.
2. Die Öse ist eine geknotete Öse mit einem Klöppelpaar und zweimal nachdrehen (siehe Anhang).
3. Verbindungen zwischen den einzelnen Formen werden mit Flechter, falschem Flechter und Dreieck geklöppelt (siehe Grundelemente der Klöppelspitze).
4. Die rechte und linke Locke ist auch ein schmückendes Element der Grazer Spitze (siehe Anhang).
5. Die Grazer Spitze kann sowohl in Weiß als auch in Farbe gearbeitet werden. Je nach Wunsch kann mit Leinen oder Baumwolle geklöppelt werden. Die Fadenstärke ist bei jedem Klöppelbrief angegeben. Zart und elegant wirkt die Spitze mit Baumwolle 80. Bilder und kleine Kostbarkeiten habe ich mit Ägyptischer Baumwolle geklöppelt. Durch das Einfügen von Glitzerfäden bekommen die verschiedenen Formen noch einen größeren malerischen Effekt.
6. Diese Neuerung, die Spitze mit bunten Fäden zu klöppeln, habe ich mir ausgedacht und eingeführt. Vorbild waren für mich die Jugendstilkünstler. Sie inspirierten mich mit ihrer Farbenspracht, die ich deshalb in die Grazer Spitze einfließen ließ.

F

INTRODUCTION (AVANT-PROPOS)

Quelques éléments de la dentelle de Graz furent créés par Berta Körösi aux environs de 1900 pendant la période de l'Art Nouveau.
Essentiellement furent choisis des motifs de la nature, autant extraits de la flore que de la faune, comme par exemple des tulipes, des roses, des iris, des tournesols, du feuillage de différentes sortes, des papillons, des libellules. Au siècle précédent on disait encore que « la dentelle était blanche ».
Ces formes de l' Art-Nouveau m'ont séduit et inspiré, en créant de nouveaux modèles mais cette fois colorés que vous trouverez dans ce livre.
Ainsi naquit la dentelle de Graz du 21ème Siècle.
Mes remerciements s'adressent principalement à madame Mag. Brigitte Lechner, à madame Heidi Kreuzer ainsi qu'à mon mari pour leur collaboration et leur aide infatigable.

CARACTÉRISTIQUES DE LA DENTELLE DE GRAZ

1. *La dentelle contient toujours un fil contour, très souvent aussi une paire. Grâce au choix de son épaisseur et de sa couleur la dentelle se met à vivre.*
2. *Le picot est un picot noué avec une paire de fuseaux et deux fois tordus (voir Annexe)*
3. *Les liaisons entre les différentes formes se font avec des tresses, des fausses tresses et des triangles (voir les éléments de base de la dentelle)*
4. *La boucle droite et la boucle gauche sont aussi un élément décoratif de la dentelle de Graz (voir en appendice)*
5. *La dentelle de Graz peut se travailler aussi bien en blanc qu'en couleurs. Suivant les goûts elle peut se travailler avec du lin ou du coton. L'épaisseur du fil est définie pour chaque modèle. La dentelle sera plus élégante si on travaille avec du fil de coton 80. Pour de petites images et objets de valeur, j' ai utilisé du coton égyptien. Avec l'emploi d'un fil brillant les différentes formes acquièrent ainsi un plus grand effet pictural.*
6. *J'ai fait ce changement, de travailler la dentelle avec des fils de couleur. Comme modèles furent pour moi les artistes de l' Art Nouveau. La splendeur de leurs couleurs m'a inspirée et j' ai laissé s'infiltrer cette variété de tons dans la dentelle de Graz.*

E

INTRODUCTION

Some basic elements of the Lace of Graz were designed and drawn by Berta Körösi around 1900, during the era of art nouveau.
Mainly, natural motifs were portrayed and taken from flora and fauna, like tulips, roses, iris, sunflowers, various leaves, butterflies and fireflies, just to name a few. In the last century, there was the rule: „Lace is white".
I was fascinated by the few existing forms of art nouveau bobbin lacing and they inspired me to design the new bobbin lace patterns in this book. This is how the Lace of Graz developed in the 21st century.
Special thanks are due to Mag. Brigitte Lechner, Heidi Kreuzer and my husband for their unfailing support and cooperation.

CHARACTERISTICS OF THE LACE OF GRAZ

1. *The lace always contains an outline thread or even a pair of outline threads. Because of the colour choice and thickness they breathe life into the lace.*
2. *Picots are knotted with a pair of bobbins with 2 extra twists (see index).*
3. *The connections between every single form are made with plait, false plait and triangle (see basic techniques for bobbin lace).*
4. *The right and the left curl are decorative elements of the Lace of Graz, too (see index).*
5. *Depending on your wish, the Lace of Graz can be worked with both colourful and white threads made of cotton or linen. The yarn weight is indicated in the bobbin lace instructions. The lace gets a delicate and sophisticated appearance with cotton lace yarn weight #0 . I worked pictures and little treasures in Egyptian cotton. By adding glittering fancy yarn the motifs are given an even more picturesque effect.*
6. *Since I came up with the idea, I introduced the innovation of bobbin lace with colourful threads. I was inspired by the art nouveau artists and their colourfulness. This is why I made them influence the Lace of Graz.*

I

INTRODUZIONE

Alcuni elementi di base del pizzo di Graz furono concepiti e disegnati da Berta Körösi attorno al 1900 durante il periodo stilistico liberty.
Venivano rappresentati prevalentemente elementi della natura, sia della Fauna che della Flora, per esempio tulipani, rose, iris, girasoli, foglie di vario tipo, farfalle, libellule ed altro.
Nel secolo precedente si usava ancora il detto "il pizzo è bianco".
Queste poche forme nello stile liberty mi hanno appassionata ed ispirata a creare nuovi modelli di pizzo, che si trovano in questo libro.
Fu così che nacque il pizzo di Graz nel 21esimo secolo.
Ringrazio sinceramente Sig.ra Mag. Brigitte Lechner, Sig.ra Heidi Kreuzer e mio marito per il loro aiuto instancabile e la loro cooperazione.

MERKMALE DER GRAZER SPITZE

1. *Il pizzo contiene sempre un filo di contorno, spesso anche una coppia di fili di contorno. Vivacizzano il pizzo grazie al loro spessore e ad altri colori.*
2. *L'asola è un'asola annodata con una coppia e girata due volte in seguito (vedasi allegato).*
3. *Le connessioni tra le singole forme si ottengono tramite intrecci, intrecci finti e triangoli (vedasi elementi di base del pizzo).*
4. *Il riccio destro e sinistro sono egualmente un elemento decorativo del pizzo di Graz (vedasi allegato).*
5. *Il pizzo di Graz può essere lavorato sia in bianco che a colori, a scelta con filo di lino o filo di cotone. Lo spessore del filo è specificato in ogni modello di pizzo. Un pizzo fino ed elegante si ottiene con filo di cotone 80. Per immagini e piccoli oggetti preziosi ho utilizzato cotone egiziano. Inserendo fili luccicanti le varie forme ottengono un maggiore effetto pittoresco.*
6. *Il cambiamento di fare il pizzo al tombolo con fili colorati è stato fatto da me. Come esempio ho preso gli artisti dello stile liberty. Mi ispirarono con il loro sfarzo di colori; ed inclusi ciò nel pizzo di Graz.*

GRUNDBEWEGUNGEN

Kreuzen

1 2 3 4

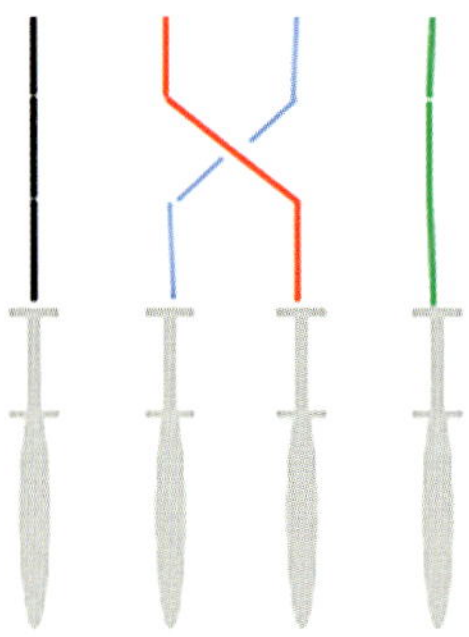

1 3 2 4

(kr)

von links nach rechts

Drehen

1 2 3 4

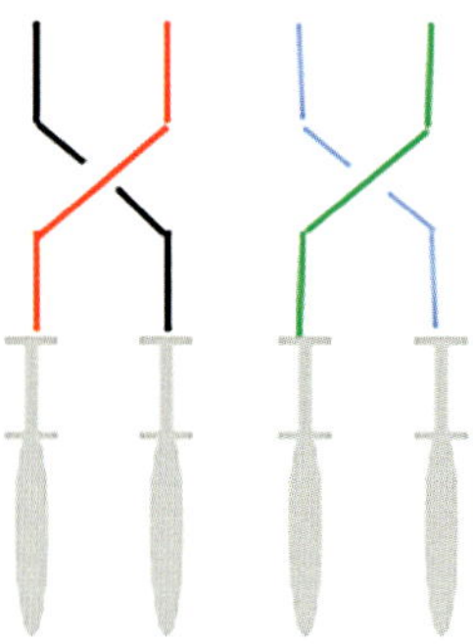

2 1 4 3

(dr)

von rechts nach links

SCHLÄGE

Halbschlag

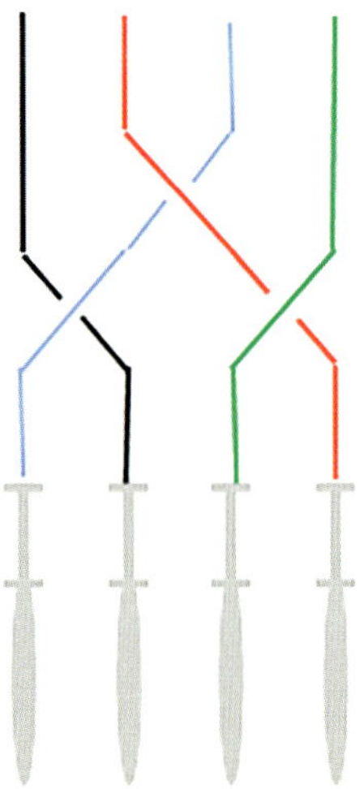

kr dr

Dreiviertelschlag
Leinenschlag

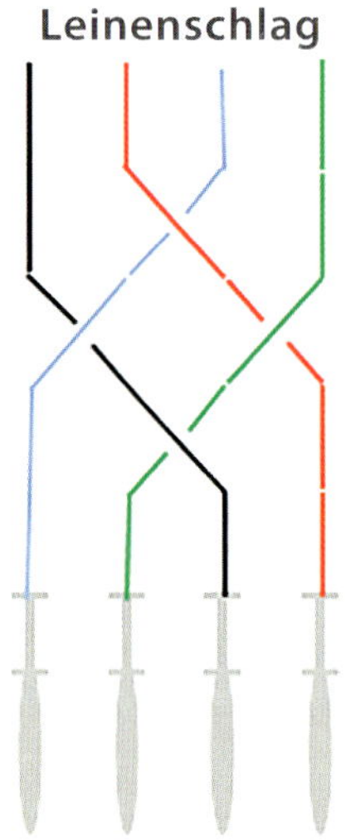

kr dr kr

Ganzschlag

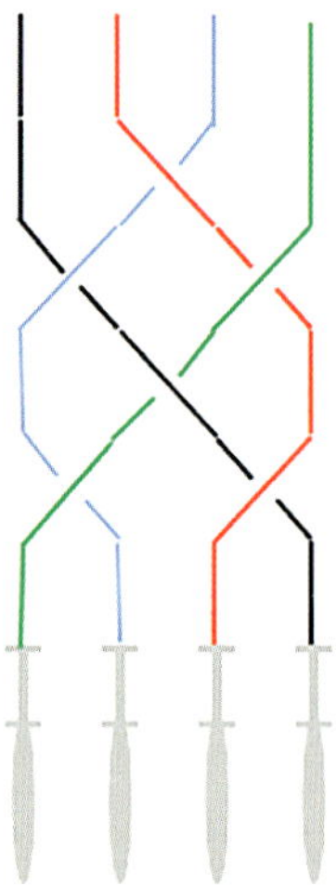

kr dr kr dr

Flechtschlag

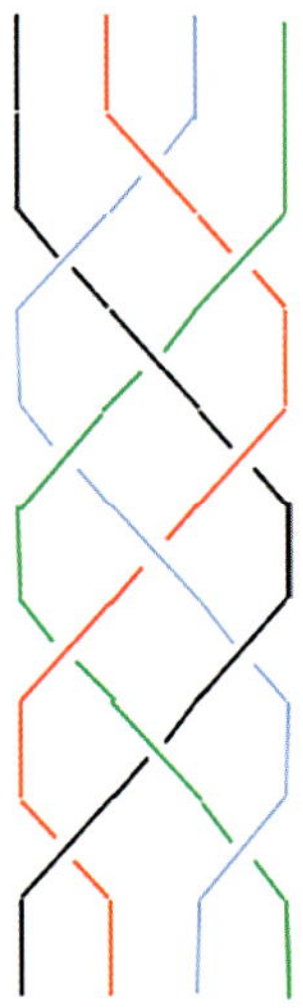

kr dr kr

x .(dr kr)

Flechter mit Ösen

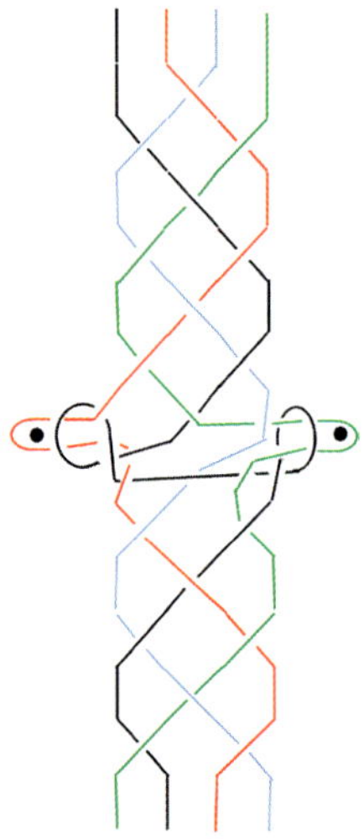

Flechter 3er-Verbindung

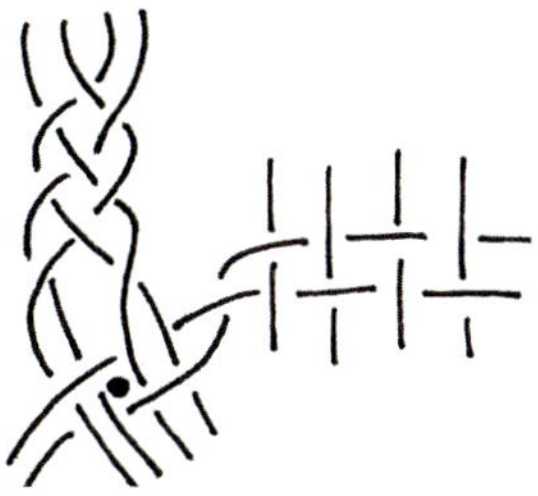

Flechter 4er-Verbindung

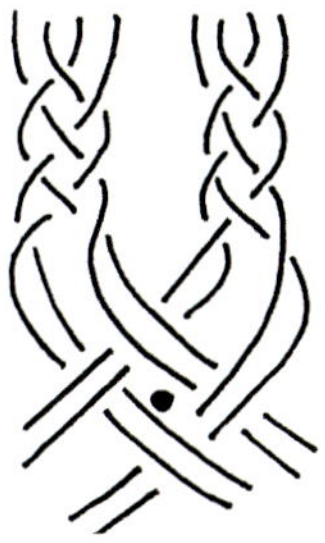

Falscher Flechter

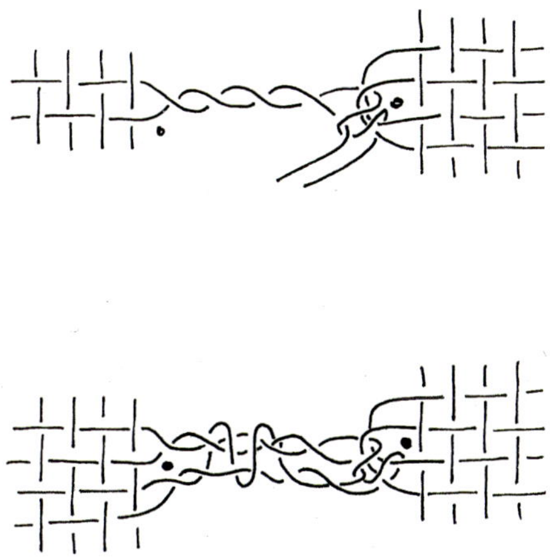

Falscher Flechter (TZ)

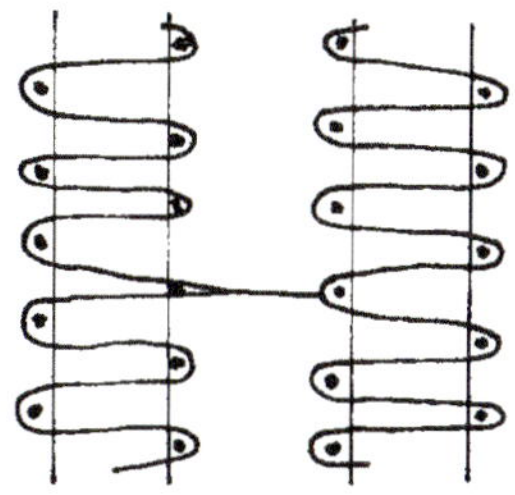

Sternchenrealisierung

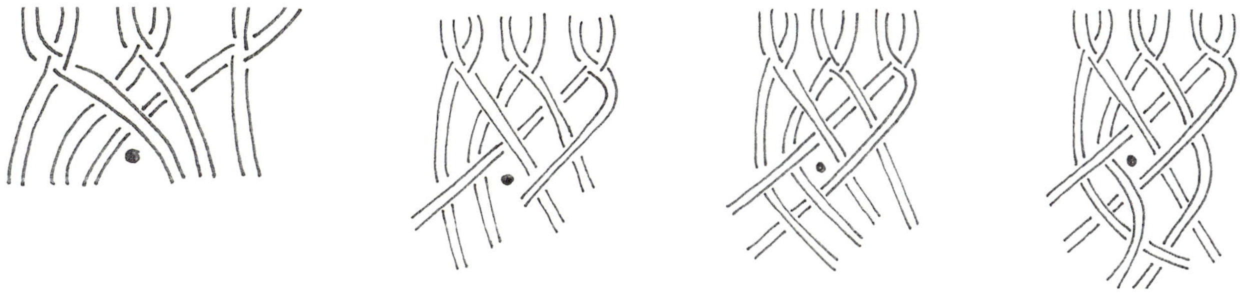

6er-Verbindung

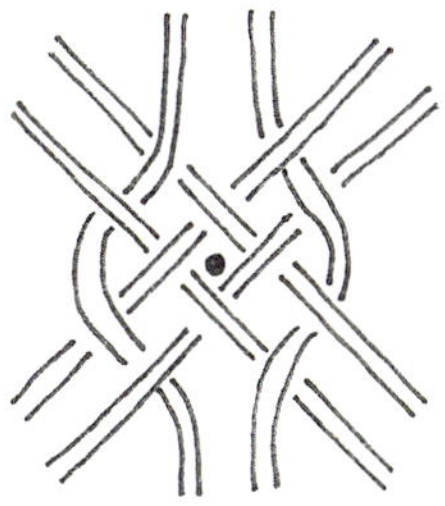

6er-Verbindung (TZ)

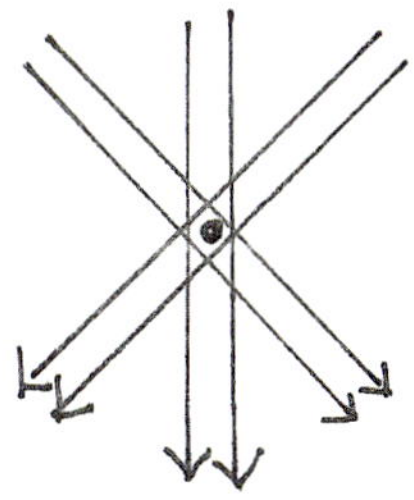

8er-Verbindung mit Leinenschlag

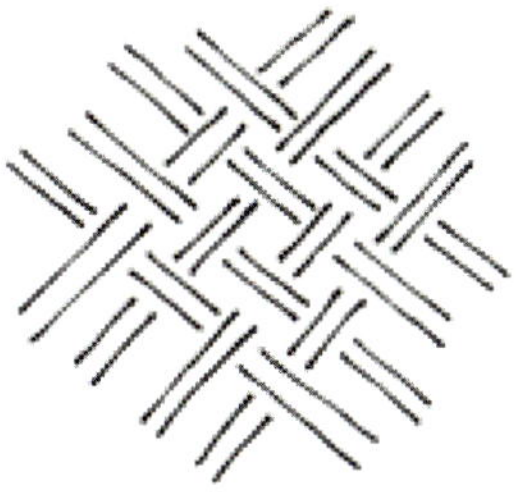

Formschlag Blatt

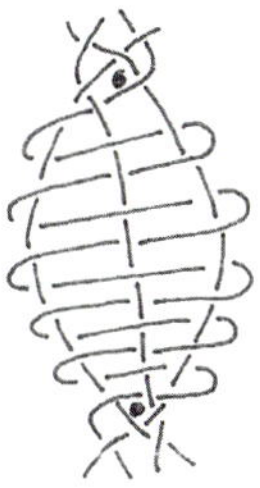

Formschlag Karo

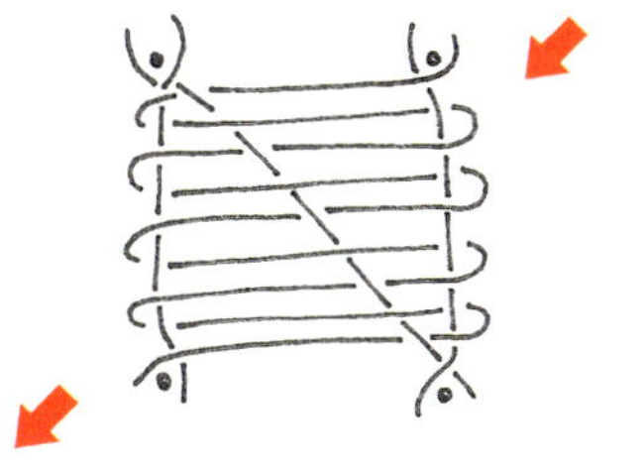

Kurve mit Laufpaarwechsel

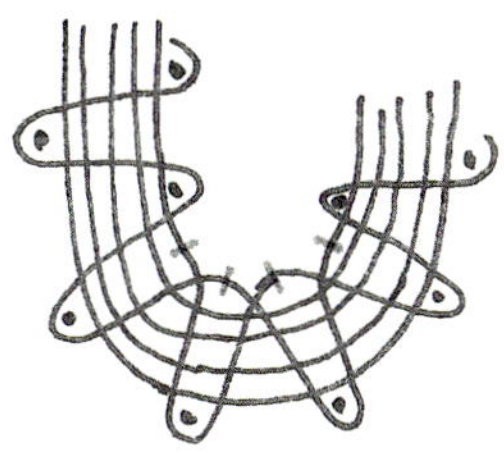

BW	Baumwolle	*cotton*	*coton*	*cotone*
KP	Klöppelpaar	*pair of bobbins*	*paire de fuseaux*	*coppia di fuselli*
N	Nadel	*needle*	*aiguille*	*ago*
A	Anfang	*beginning*	*début*	*inizio*
kr	kreuzen	*cross*	*croiser*	*incrociare*
dr	drehen	*twist*	*tordre*	*girare*
+1	1 Paar dazunehmen	*add 1 pair*	*1 paire en plus*	*1 paio di più*
–1	1 Paar hinauslegen	*remove 1 pair*	*1 paire en moins*	*1 paio in meno*
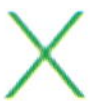	Halbschlag (kr dr)	*half stitch*	*demi-passée*	*mezza passata*
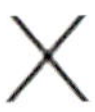	Leinenschlag (kr dr kr)	*linen stitch*	*point de toile*	*passata, punta tela*
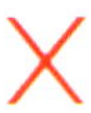	Ganzschlag (kr dr kr dr)	*cloth stitch and twist*	*passée tordue*	*passata intera*
	Nadelpunkt	*pin*	*épingle*	*spillo*
	Öse	*picot*	*picot*	*pippiolino*
	Konturfaden	*outline thread*	*bourdon, fil contour*	*filo di contorno*
	Flechter	*plait, braid, bar*	*tresse, natte*	*treccia*
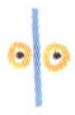	Flechter mit Ösen	*plait with picots*	*tresse avec picot*	*treccia con pippiolino*
	Falscher Flechter	*false plait*	*fausse tresse*	*treccia falsa*
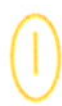	Formschlag Blättchen	*leaves*	*point d'esprit*	*fogli soffiagio*
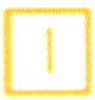	Formschlag Karo	*check*	*forme carrée*	*soffiagio piazza*
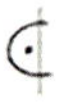	Außennadel	*outside needle*	*épingle extérieure*	*spillo essteriore*
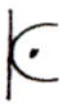	Innennadel	*inside needle*	*épingle intérieure*	*spillo interiore*
	Extra Drehung	*1 extra twist*	*1 torsion en plus*	*1 girata di piu*

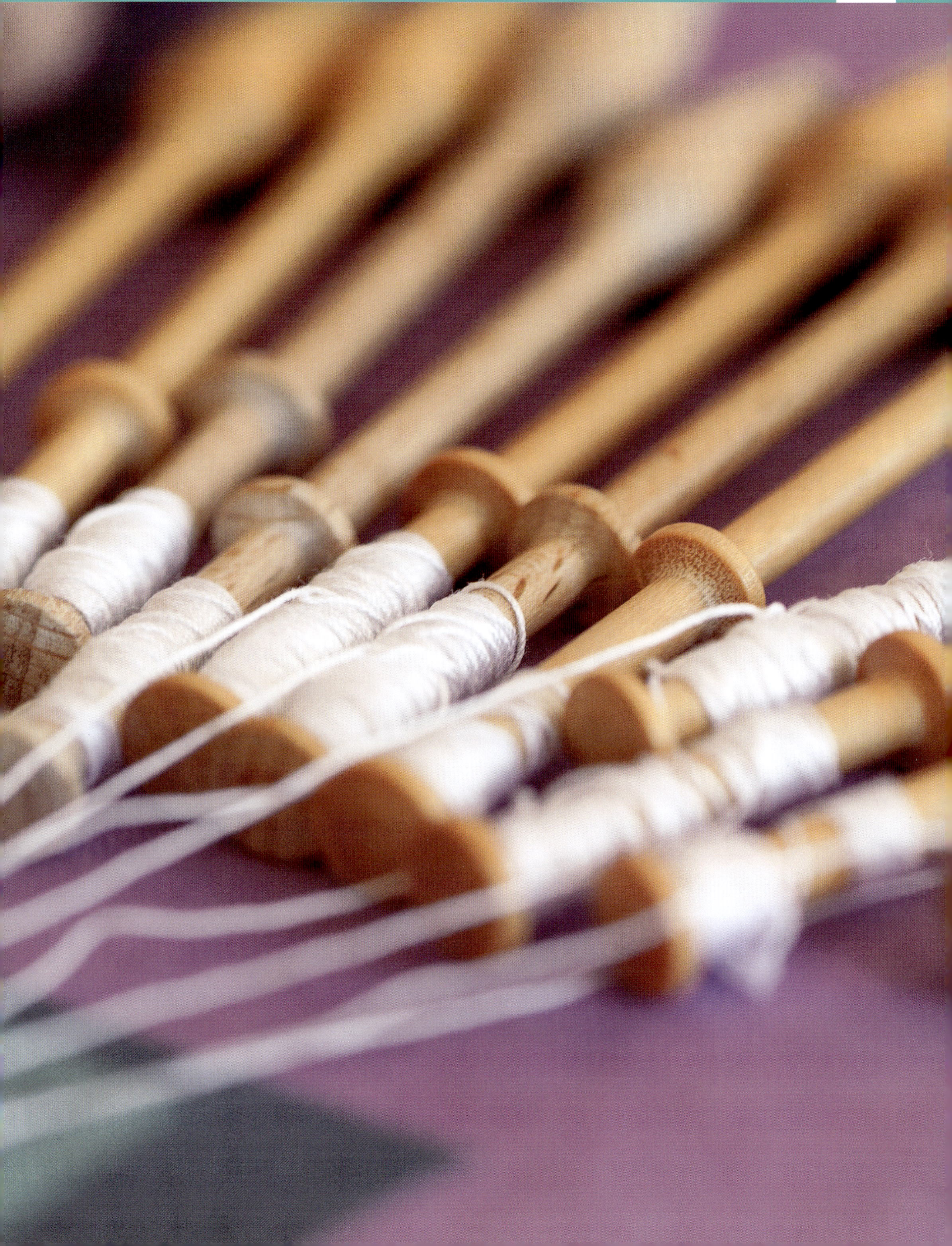

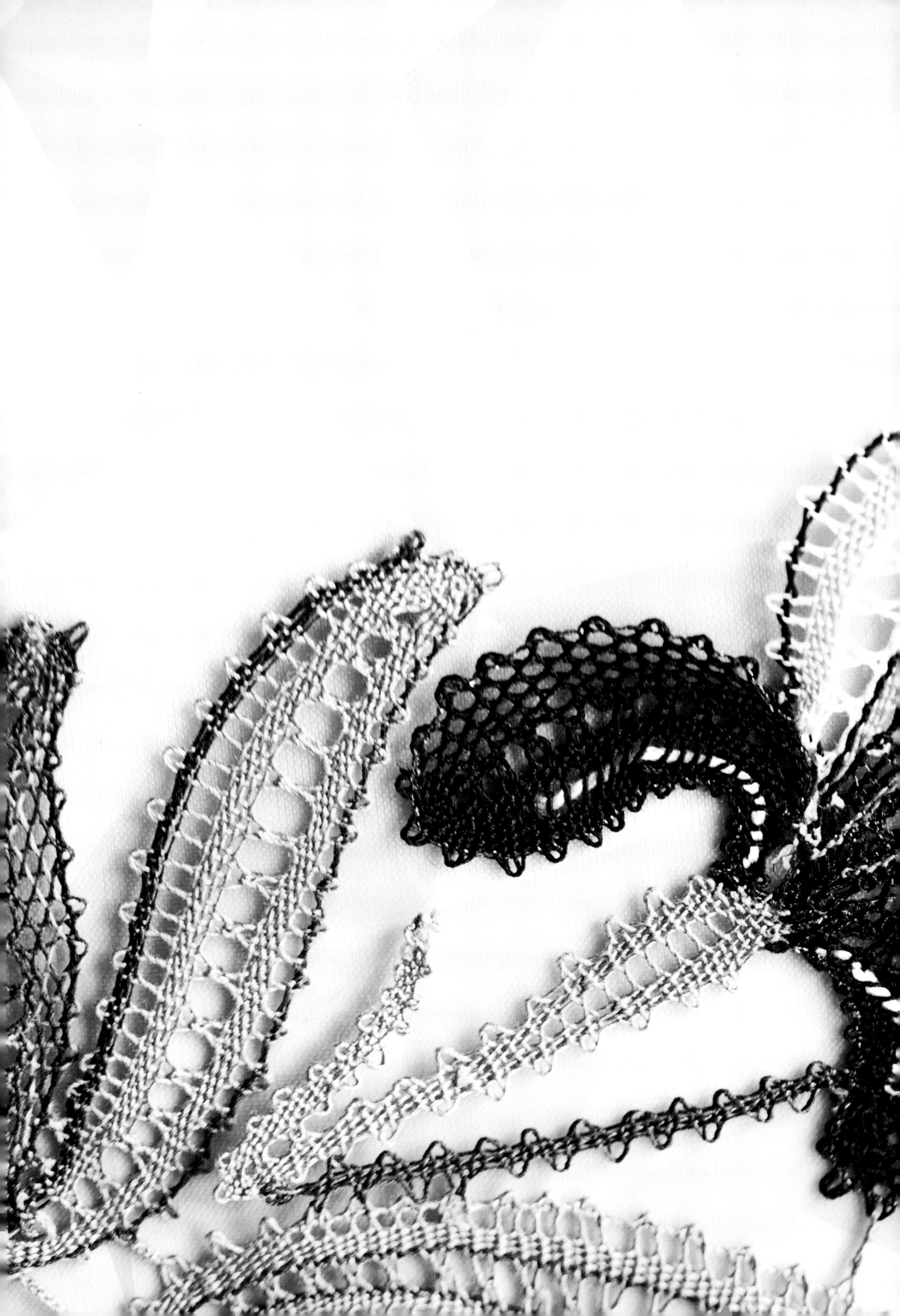

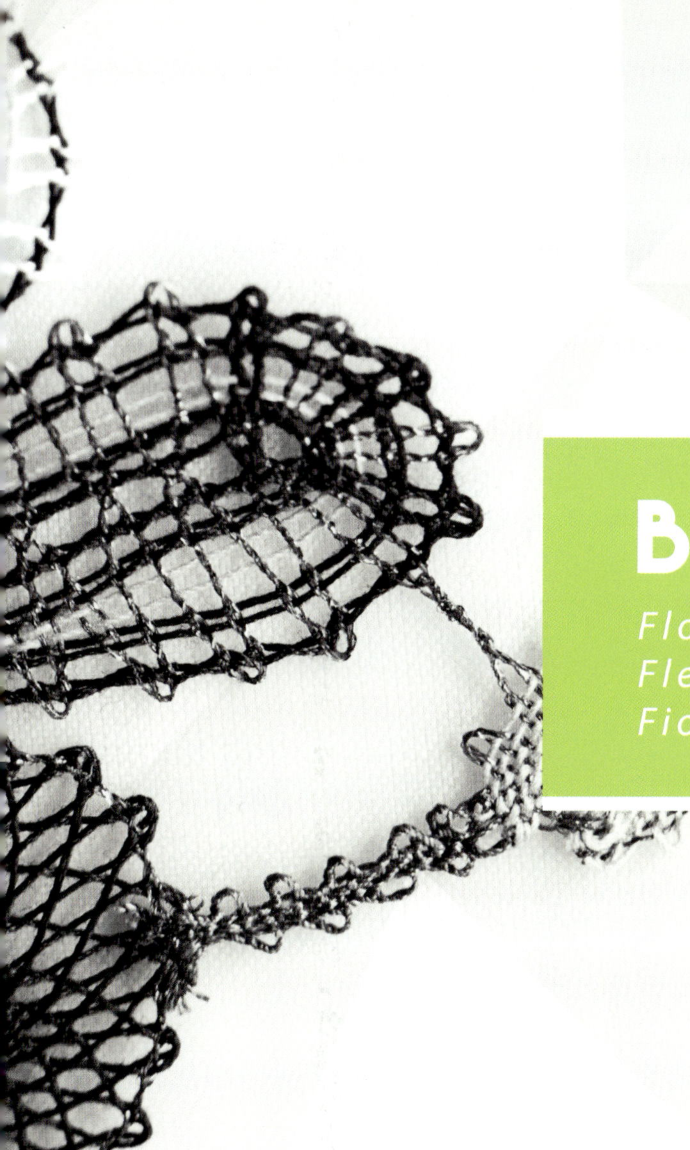

BLUMEN

Flowers
Fleur
Fiori

GRAZER BLUME

MATERIAL	Innenring:	5 KP, davon 2 gold, 3 weiß BW 80, Leinen 50, gold DMC 282
	Blütenblätter:	5 KP gold 1 Konturfadenpaar weiß, Perlgarn 8
	Perlen:	nach Wahl
AUSFÜHRUNG	Innenring:	Leinenschlag
	Blütenblätter:	Halbschlag
	Außenrand:	Ganzschlag

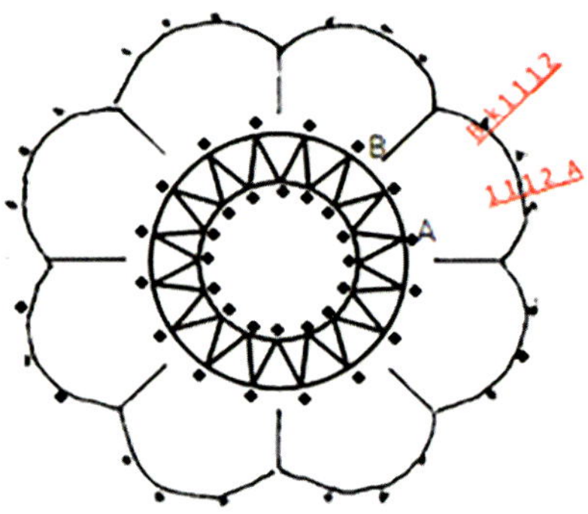

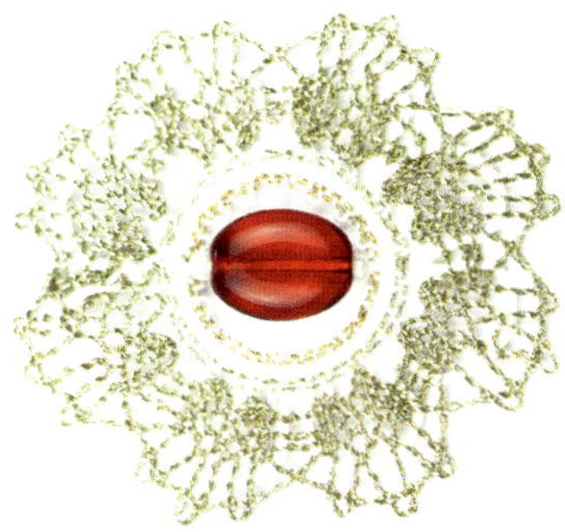

RICHTUNG DES KONTURFADENS

a. **r. nach l.** KLP 2 x drehen, Konturfaden zwischen das KLP legen und dasselbe noch 1x drehen

b. **l. nach r.** KLP 1 x drehen, Konturfaden zwischen das KLP legen und dasselbe noch 2 x drehen

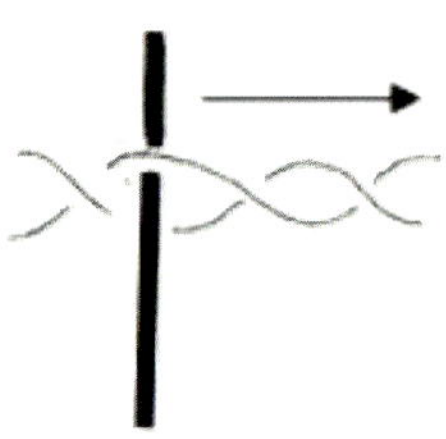

links

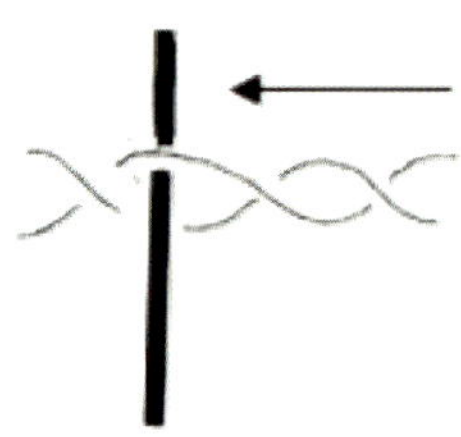

rechts

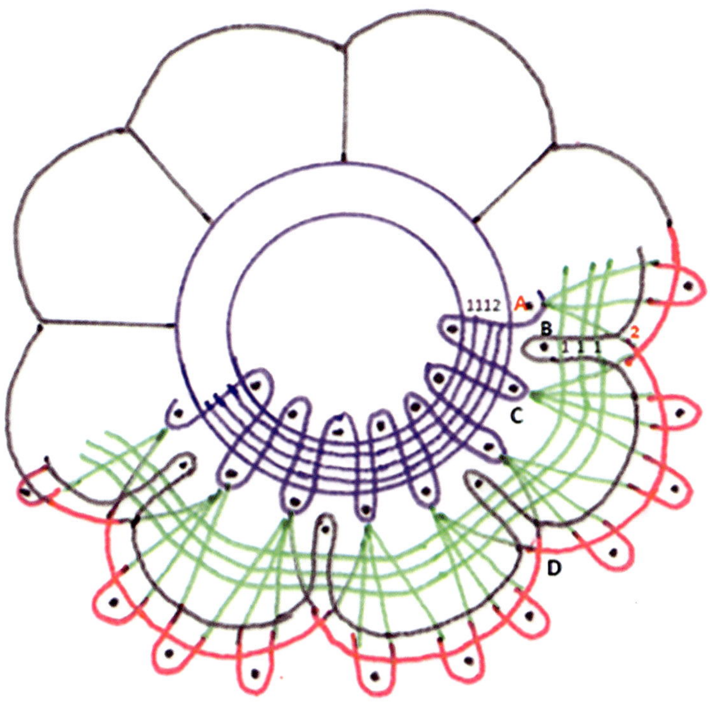

A. Innenring 1 1 1 2 anstecken, im Leinenschlag den Ring klöppeln.
Am Ende wird das Laufpaar mit der Häkelnadel durch die Anfangsschlinge gezogen.
In diese Schlinge wird das letzte Risspaar gesteckt und angezogen.
Abknüpfen: siehe Anhang.

B. Konturfadenpaar anstecken
3 x 1 KP für den Halbschlag und 1 x 2 KP für den Blütenrand im Ganzschlag und das Laufpaar anstecken.

C. Einhängen des Laufpaares

D. Laufpaarwechsel

MATERIAL

Innenring:	5 KP BW 80 rosa meliert und 2 KP Füllung Formschlag gelb
Blüte:	5 KP BW 80 rosa meliert und 1 Konturfaden BW 60 gelb
1. Blatt:	5 KP BW 80 dunkelgrün und 1 Konturfaden BW 60 weiß
2. Blatt:	5 KP BW 80 dunkelgrün und 5 KP BW 80 hellgrün

AUSFÜHRUNG

Blütenblätter:	Ösenrand
Füllung:	Formschlag Karo
Dreieck:	1 KP

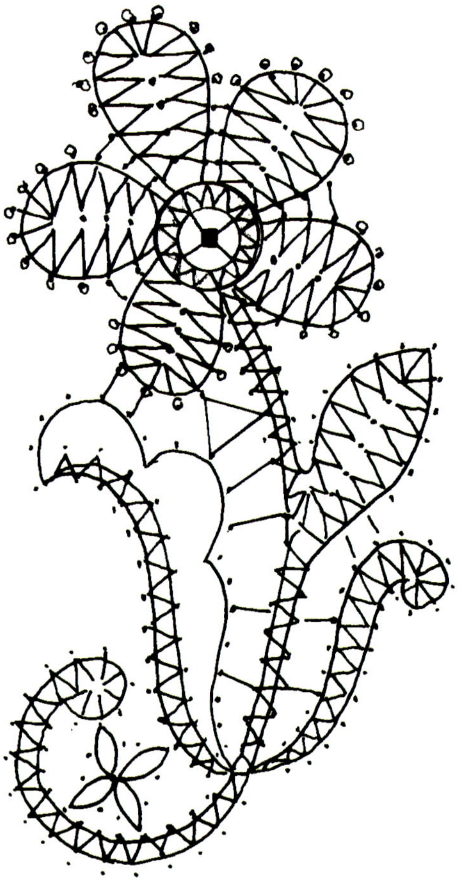

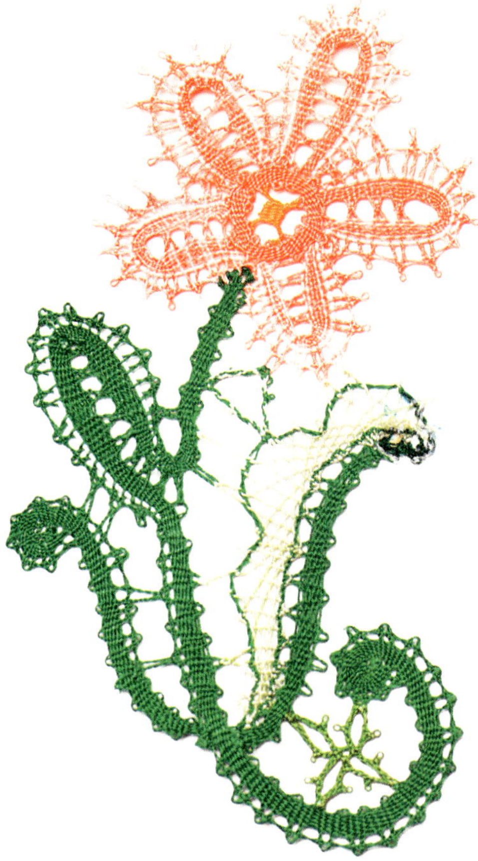

GRAZER ÖSE

Nach Beendigung das Laufpaar 2 x drehen

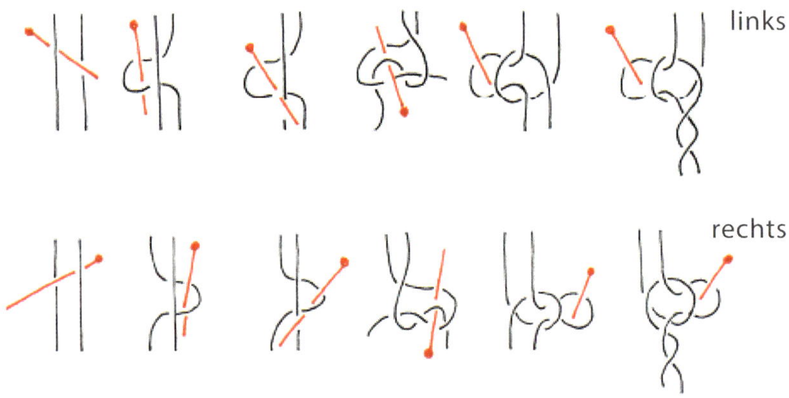

DREIECK

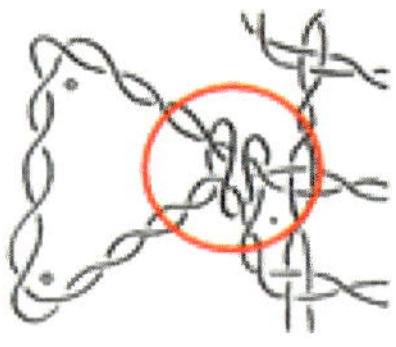

MARGERITE

MATERIAL

24 KP + 2 Klöppel für Konturfaden
BW 80 rosa-grün meliert, orange und dunkelgrün
BW 60 weiß für Konturfaden

AUSFÜHRUNG

1. Man beginnt mit dem inneren Ring der Blume, steckt bei **A** 4 KP an und arbeitet im Leinenschlag.
2. Für die Blumenblätter steckt man 5 KP an und einen Konturfaden (Leinenbändchen mit Ganzschlagrand und gezogener Öse).
3. Für das innere Gitter der Margerite benötigt man 6 KP (Löcherschlag).
4. Bei **B** ist der Beginn für die Blätter. Geklöppelt wird mit 5 KP und 1 Konturfadenpaar. (Leinenschlagbändchen mit Ganzschlagrand außen und gezogenen Ösen).
5. Enge Rundungen sowie die Spitzen der Blätter werden wie folgt gearbeitet:
   Das Laufpaar wird am Ende der Reihe gedreht weggelegt, das letzte Risspaar wird das neue Laufpaar.
   Dieser Vorgang wird so oft wiederholt, bis die Rundung fertig ist.
6. Stängel: Bei **C** 2 KP und beim folgenden Nadelpunkt wieder 2 KP einhängen und im Leinenschlag klöppeln.

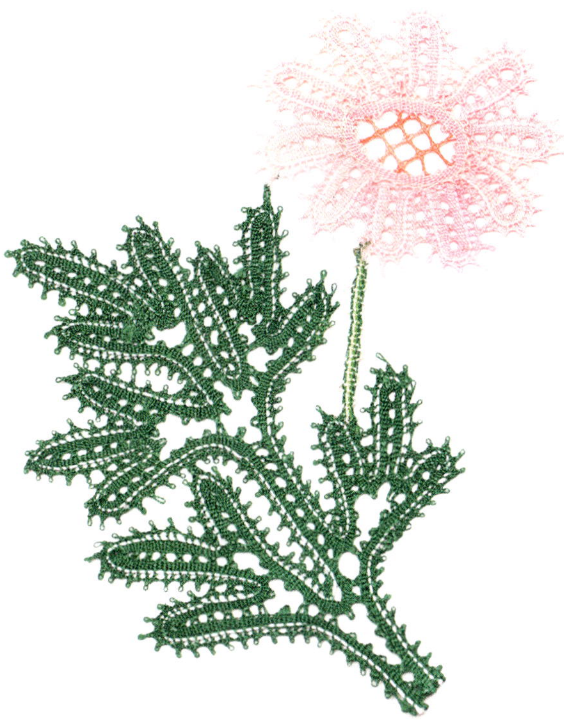

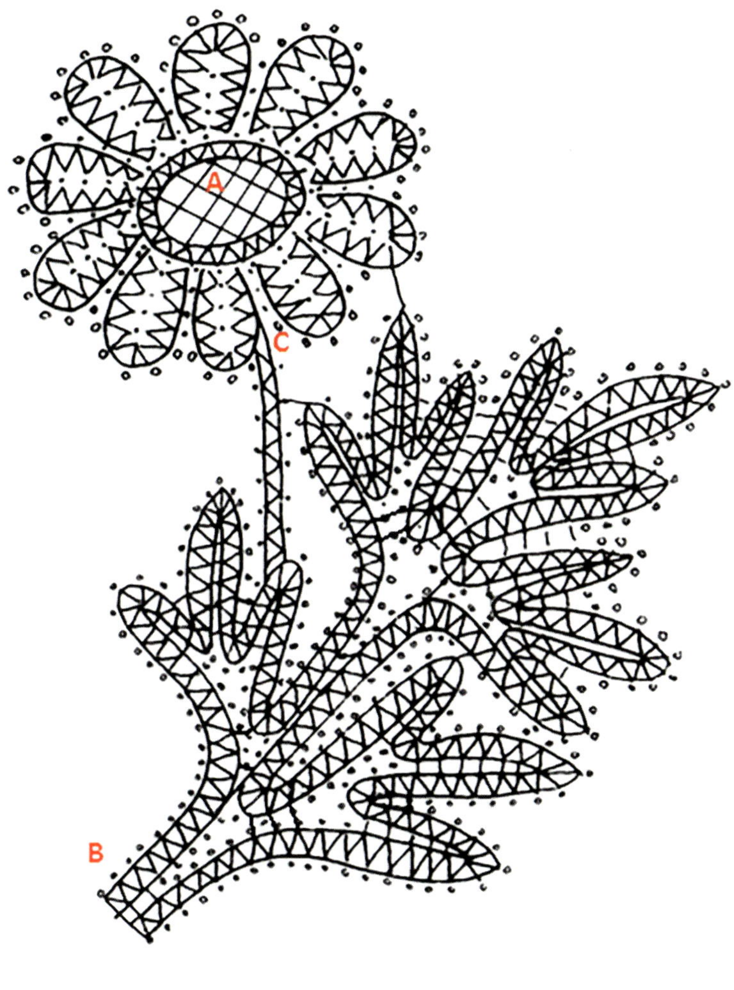

MATERIAL	Innenring:	5 KP BW 80 dunkelbraun
		2 KP für Formschlag Karo dunkelbraun
	Blütenblätter:	5 KP BW 80 goldgelb
		1 Konturfaden Perlgarn Nr. 8 orange
	Blätter:	6 KP BW 80 grün
		1 Konturfadenpaar ecru
	Füllung:	17 KP Löcherschlaggrund
	Flechterfüllung mit Ösen:	2 KP

AUSFÜHRUNG

Blütenblätter mit Ösenrand. Die inneren 2 KP werden als Flechter zum nächsten Blütenblatt weiter geführt.
Blütenfüllung mit Formschlag Karo.
Andere Füllungen sind Löchergrund und Flechterfüllung mit Ösen.

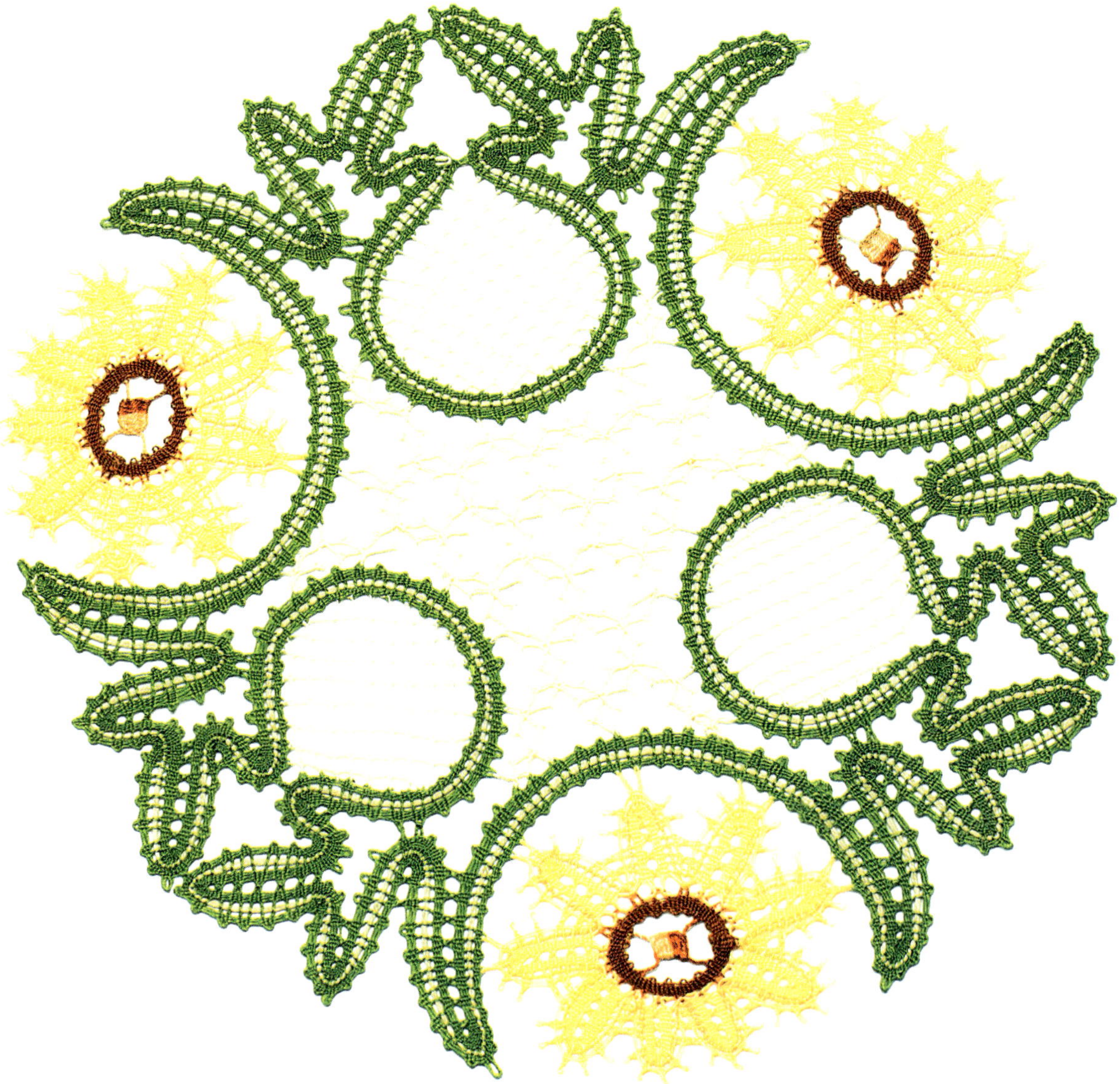

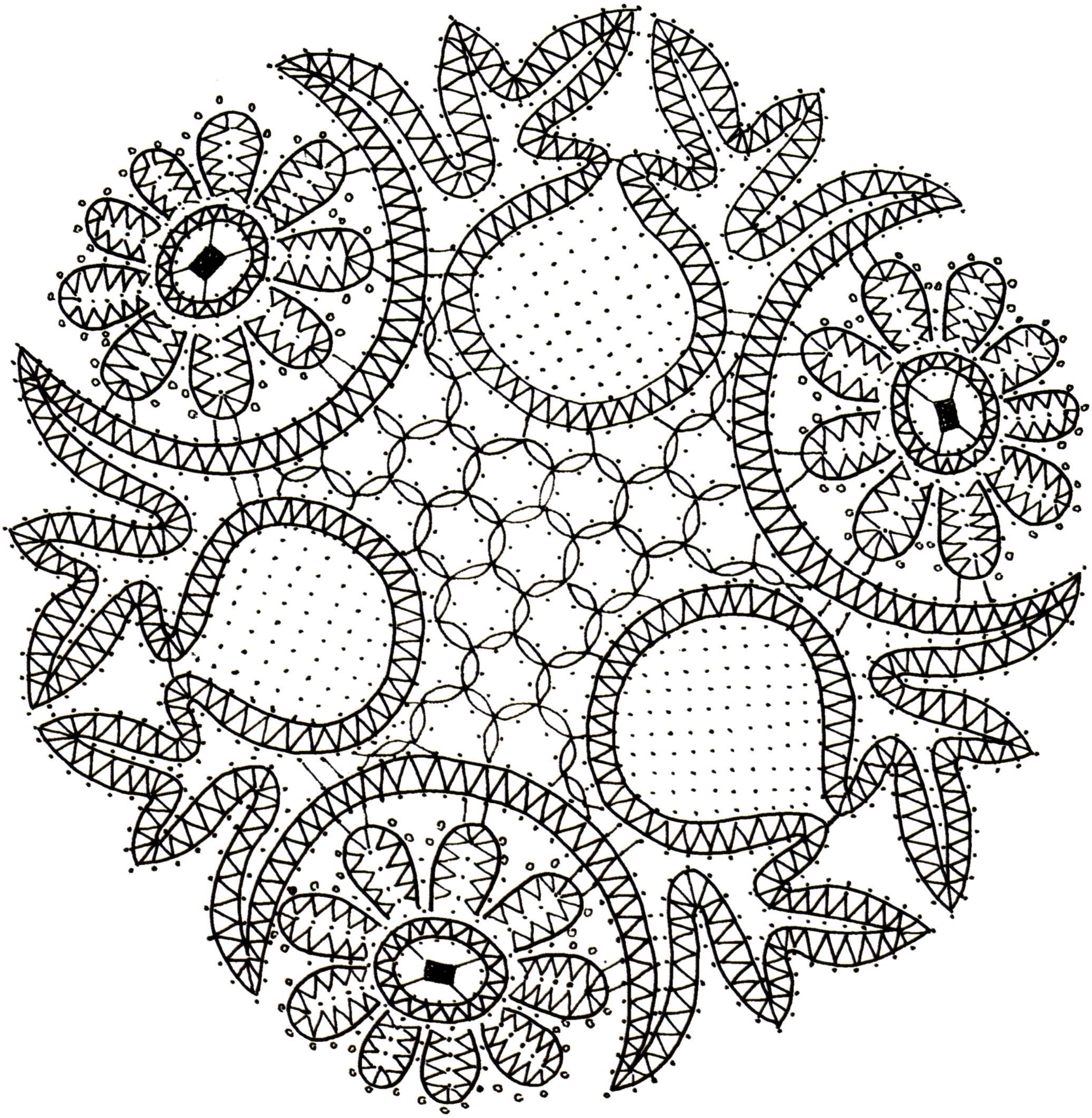

Darstellung: 90 %
bzw. 10 % vom Original verkleinert

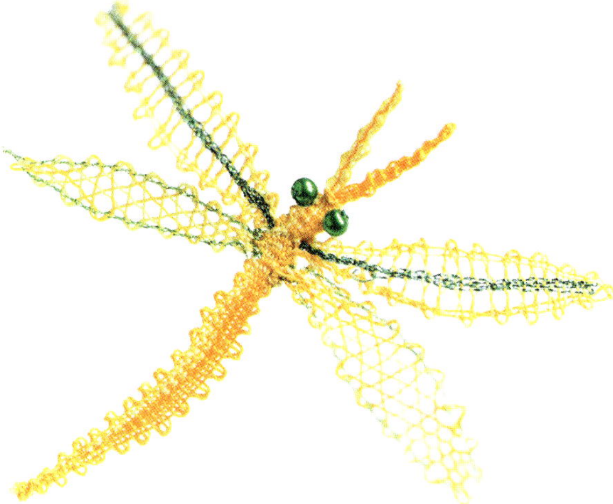

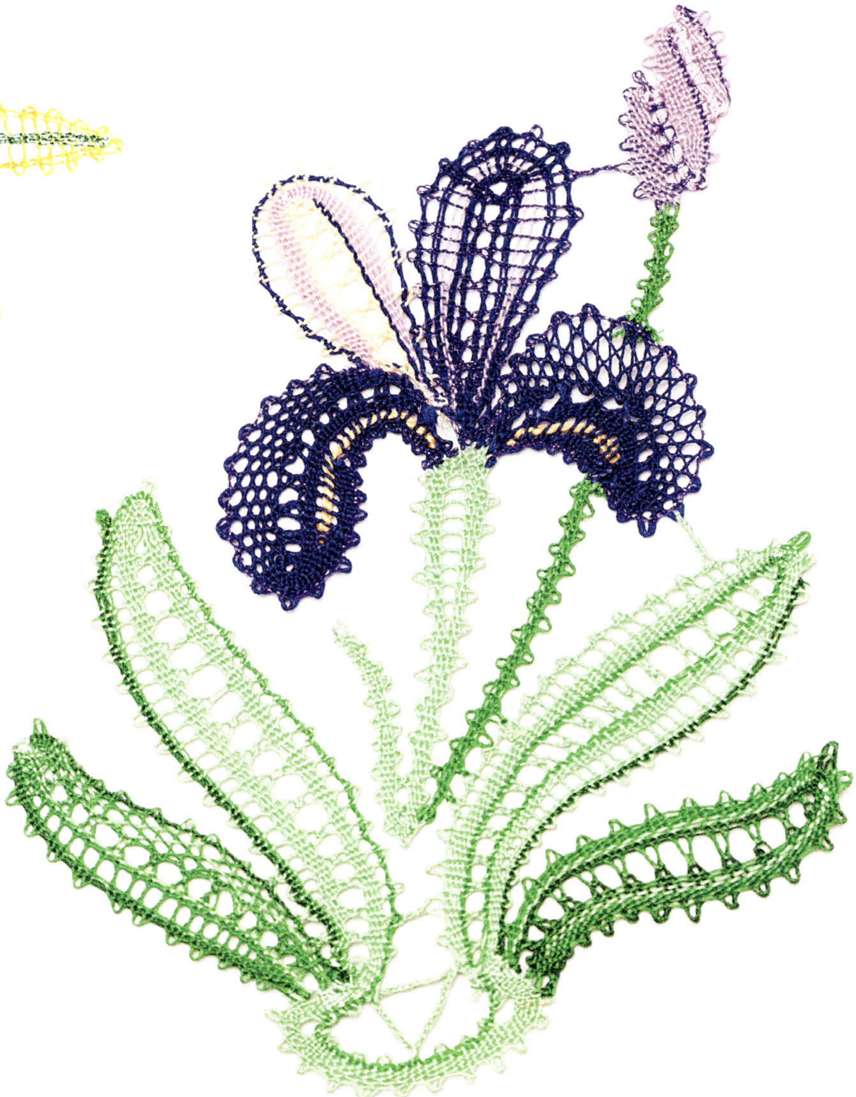

MATERIAL FÜR DIE LILIE		BW 80, Farbe nach Wahl
AUSFÜHRUNG	Blüte:	6 KP + 1 Konturfadenpaar
	Knospe:	6 KP
	Blütenstängel:	7 KP
	Knospenstängel:	3 KP
	Blätter:	5–6 KP

Blütenblätter im Leinen- oder Halbschlag und Rand im Ganzschlag.
Bei den beiden unteren Blütenblättern halbseitig einen Konturfaden einfügen.
Knospe nach technischer Zeichnung klöppeln.
A einhängen **E** verknoten (A und **E** siehe technische Zeichnung S. 26)

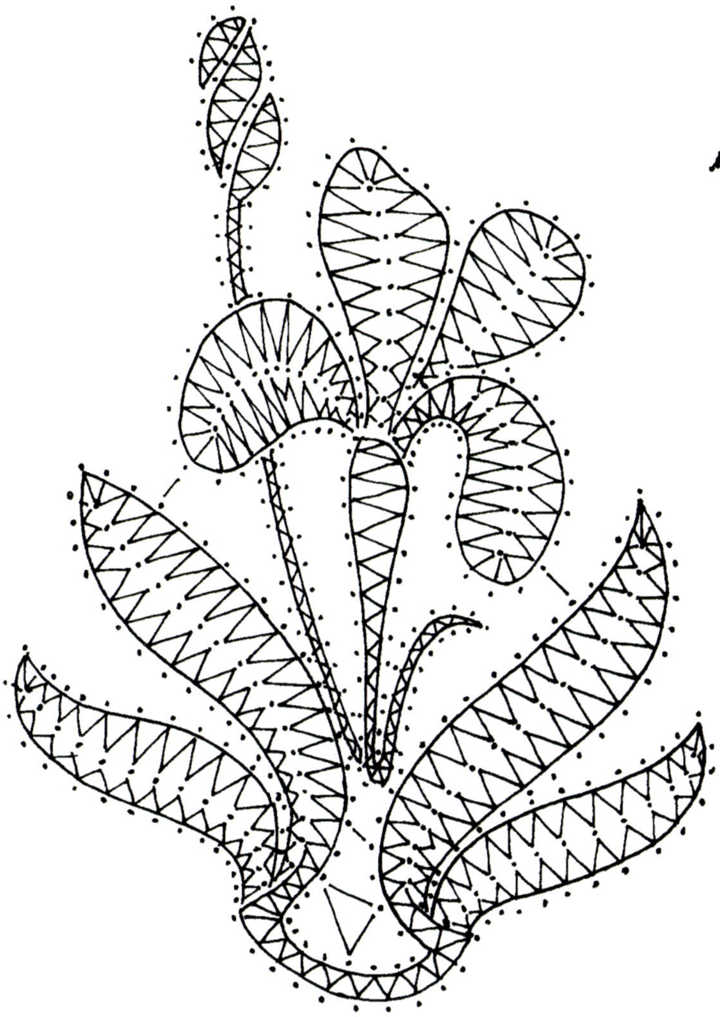

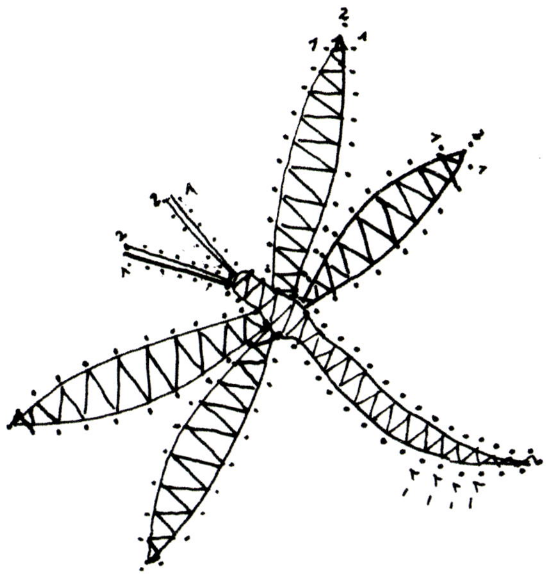

MATERIAL FÜR DIE LIBELLE 6 KP
BW 80 färbig oder meliert
Glitzergarn Madera Art. Nr. 8004

AUSFÜHRUNG

1. Man beginnt mit je 3 KP mit den Fühlern im Leinenschlag.
2. Man klöppelt den Körper mit 6 KP weiter.
3. Um recht schmal zu schließen, wird gegen Ende 4 x 1 KP hinausgelegt und man endet mit 2 KP.
4. Die beiden oberen Flügel werden mit 5 KP (4 KP BW und 1 KP Glitzergarn) im Leinenschlag mit Drehungen dazwischen gearbeitet.
5. Die beiden unteren Flügel werden mit 4 KP im Halbschlag geklöppelt.

LILIE TECHNISCHE AUSFÜHRUNG DER KNOSPE

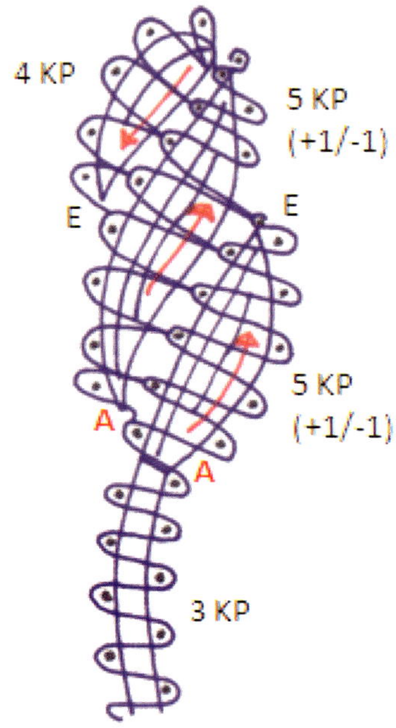

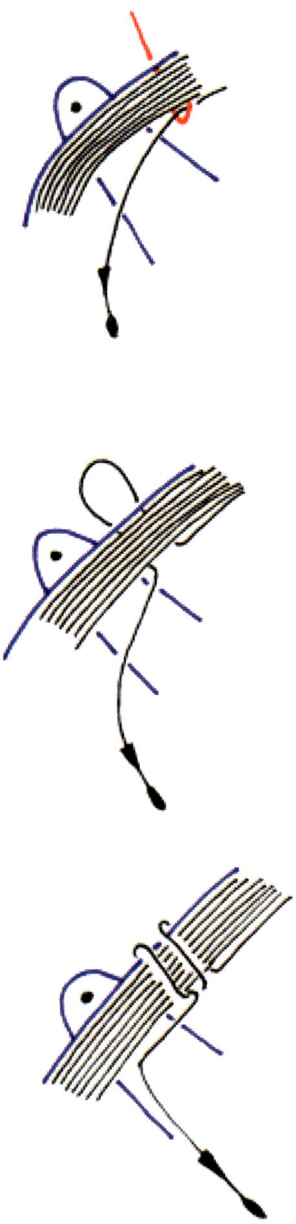

Rolle am äußeren Risspaar eingehängt

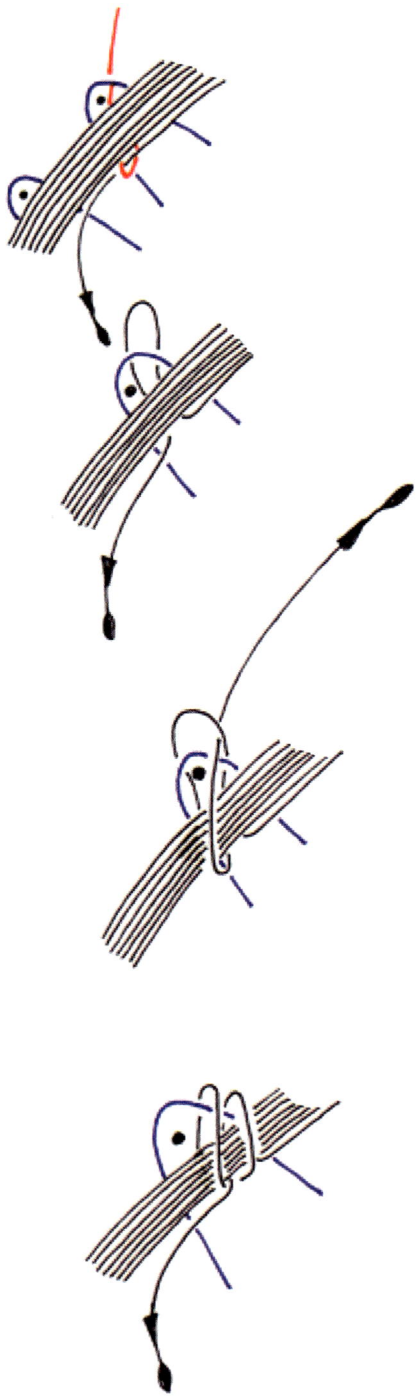

Rolle an Nadelpunkt angehängt

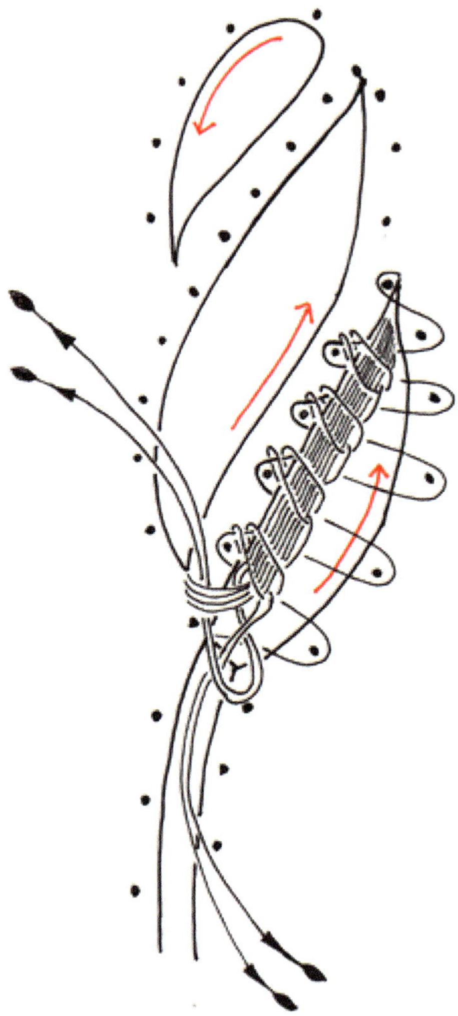

Rolle an Nadelpunkt des Laufpaares angehängt.
Am Endpunkt mit Knoten fixieren

BLUMENSTRAUSS

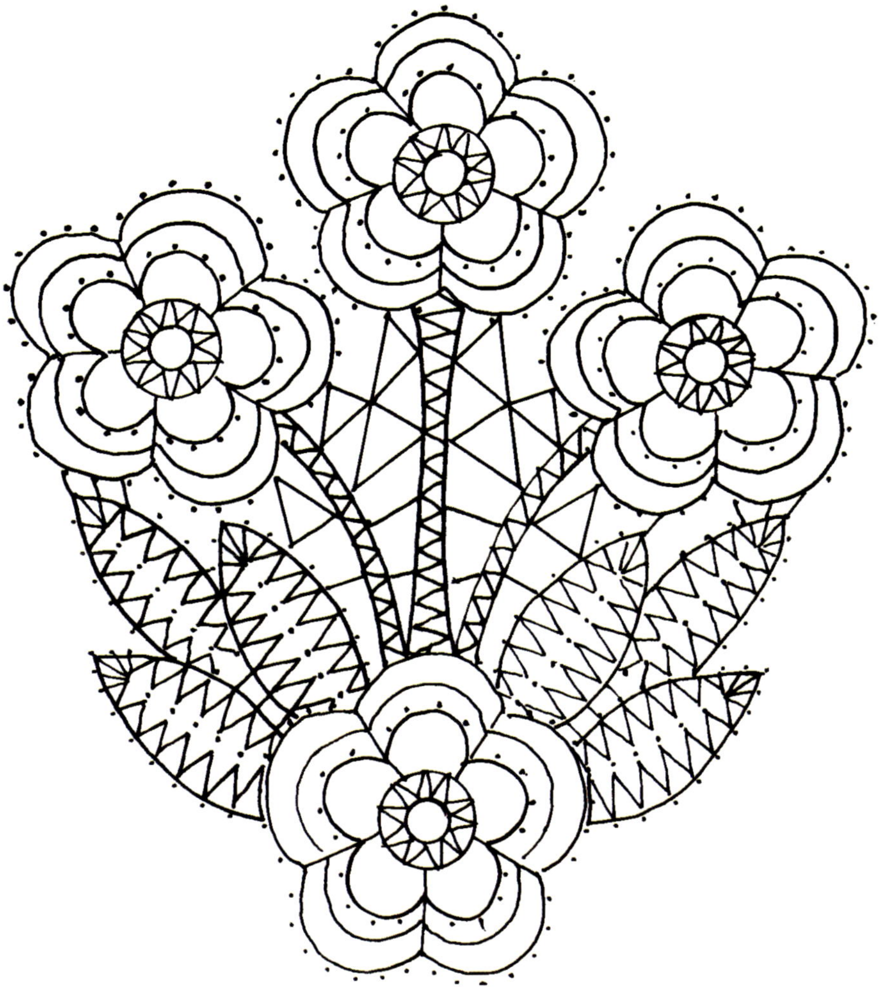

MATERIAL	Innenring:	3 KP BW 80 gelb oder weiß	
	Blütenblätter:	Innere	5 KP + 1 Konturfaden gelb oder weiß
		Äußere	5 KP gelb, orange oder weiß Leinen- und Ganzschlag
	Stängel:	3–4 KP dunkelgrün	
	Blätter:	4–5 KP + 1 Konturfadenpaar hellgrün	

AUSFÜHRUNG Dreieckfüllung mit Flechter

A Beginn; in Pfeilrichtung weiter arbeiten
X Mit den mittleren Fäden der Flechterpaare den Flechter umhäckeln.
Jeweils mit kr dr kr den Flechter fortsetzen

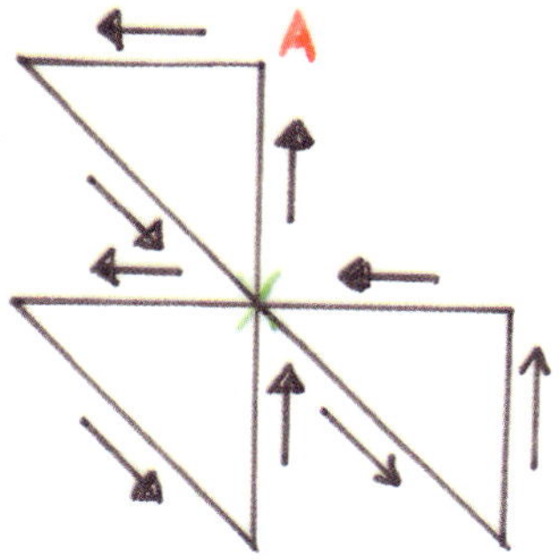

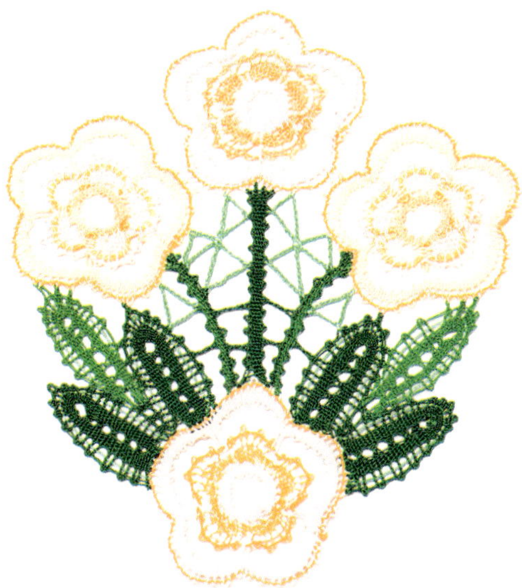

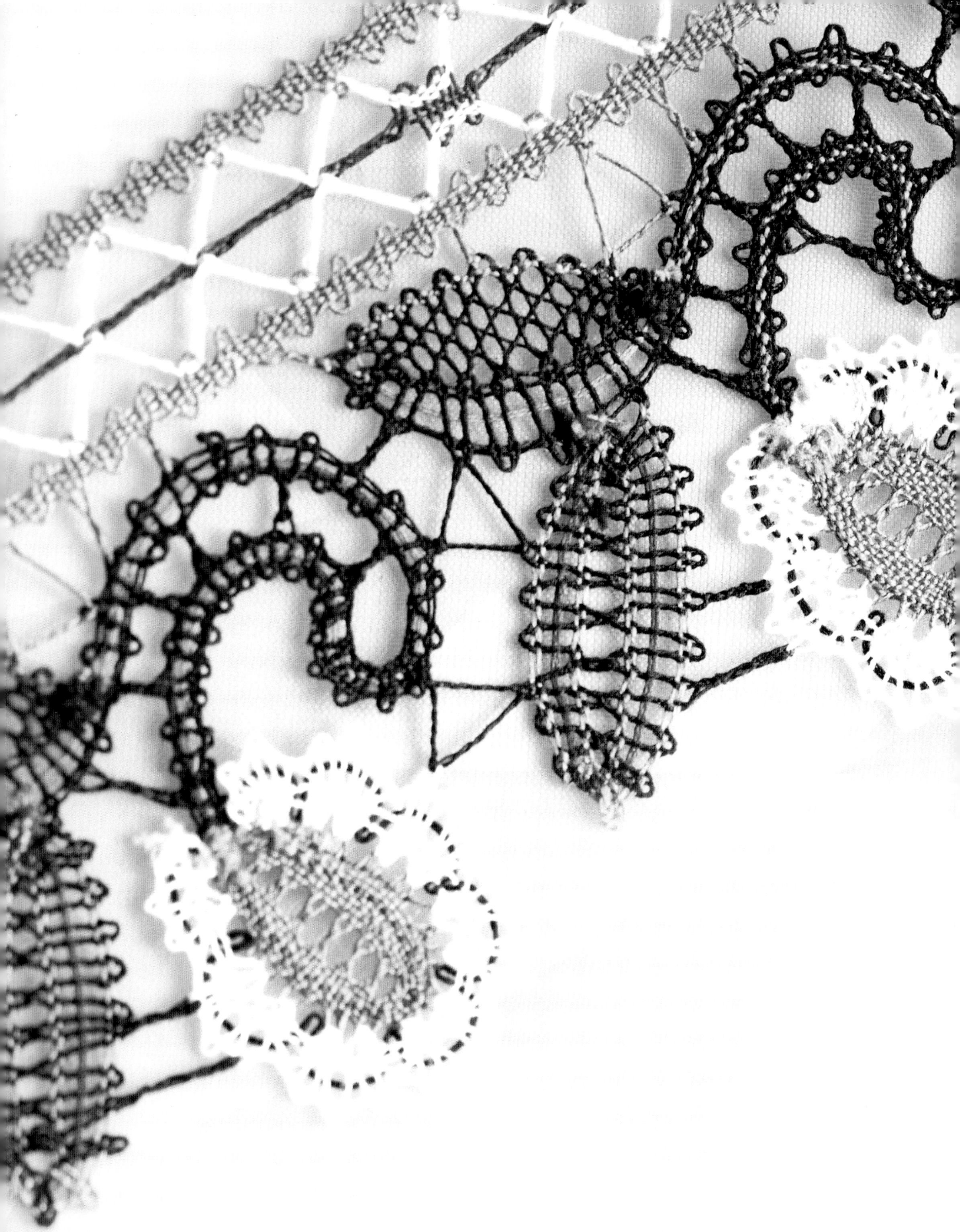

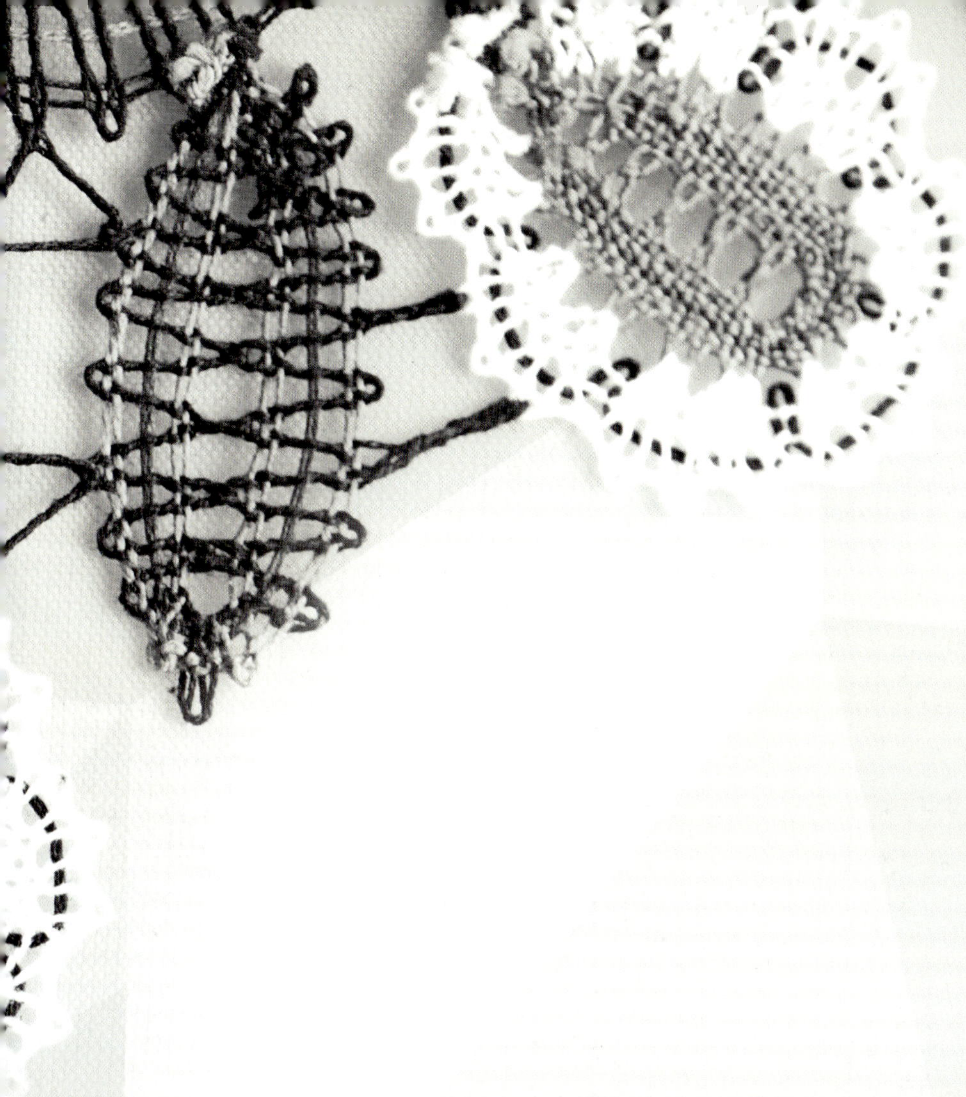

BORTEN

Edging
Volant
Orlo

BORTE 1

MATERIAL
16 KP
Leinen Goldschild 50/3 goldgelb
BW 40 für Flechterfüllung
Perlgarn Nr. 8 Col. 300 für Konturfaden

AUSFÜHRUNG

1. Man steckt bei **A** für die Randborte 6 KP an und arbeitet im Ganzschlag – Leinenschläge – Ganzschlag.

2. Für das Muster hängt man bei **B** 2 KP ein und nimmt 2 weitere KP auf. Bei **C** nimmt man noch ein weiteres KP dazu. Blätter sowie Stängel werden im Leinenschlag geklöppelt.

3. Bei **D** ist der Beginn der Blütenblätter im Halbschlag. Rand im Ganzschlag und Einlegen des Konturfadenpaares.

4. Verbindungen (siehe Klöppelbrief) arbeitet man als Flechter, falschen Flechter oder Dreieckform.

5. Bei **E** beginnt man mit 4 KP die Flechterfüllung.

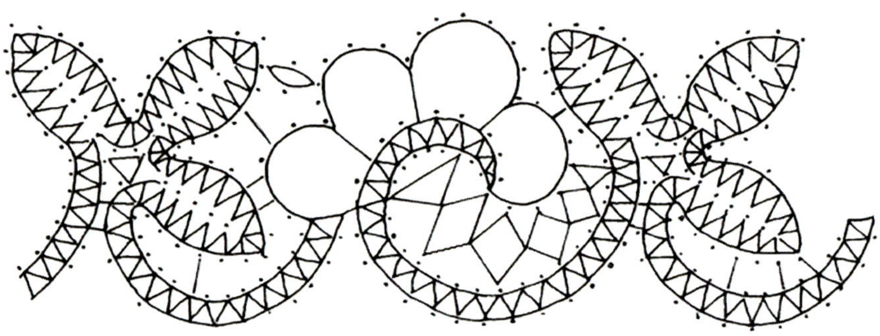

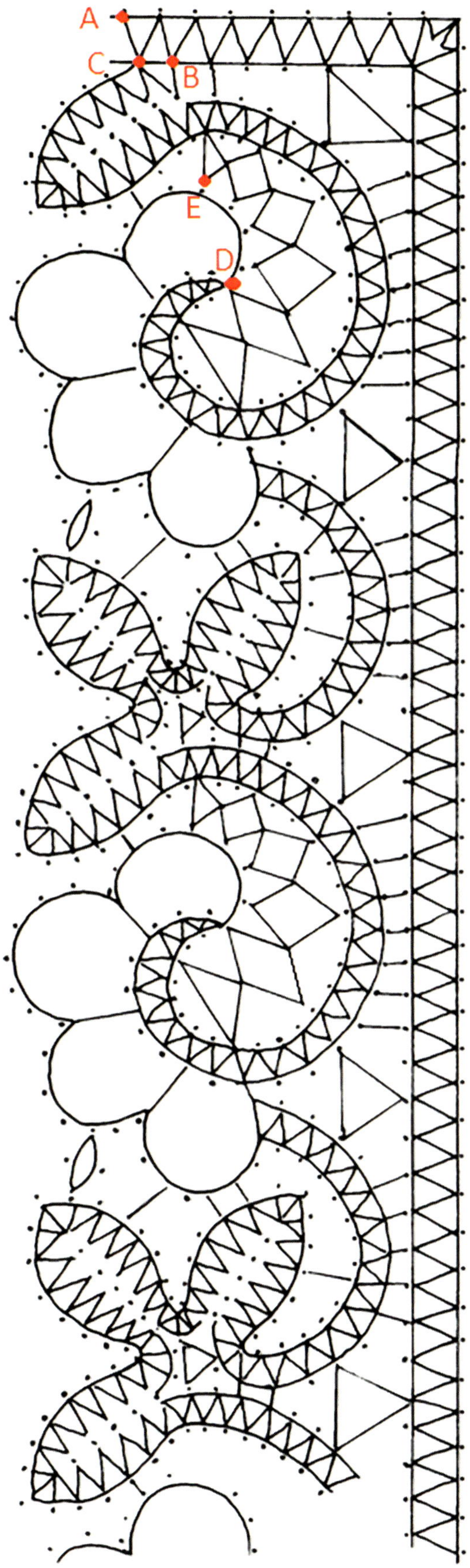
A
C
B
E
D

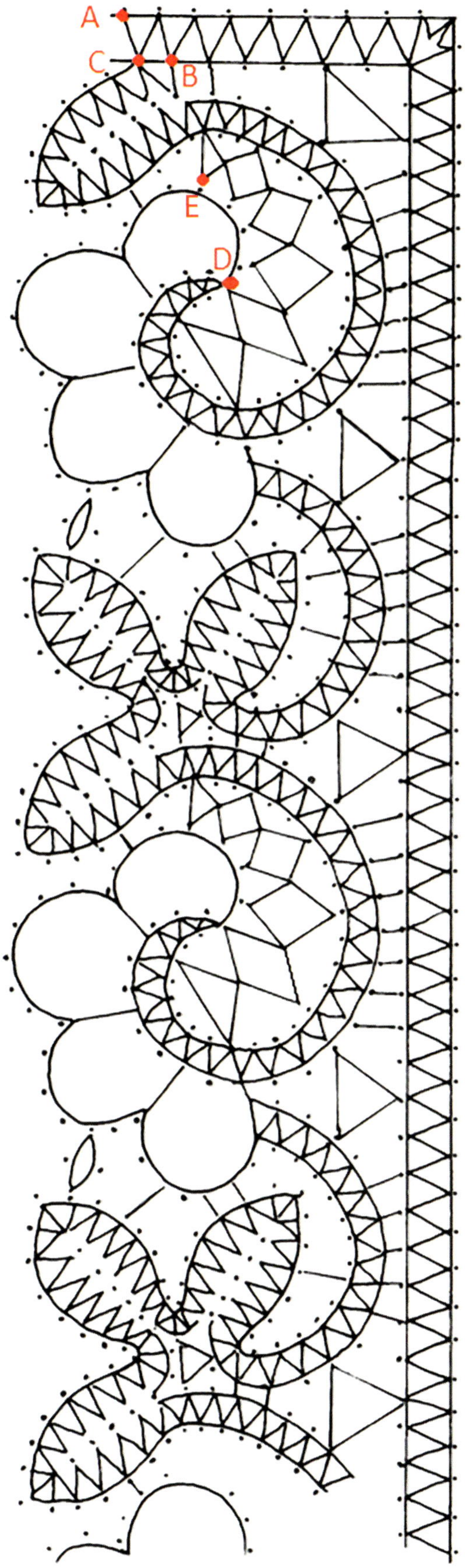
A
C
B
E
D

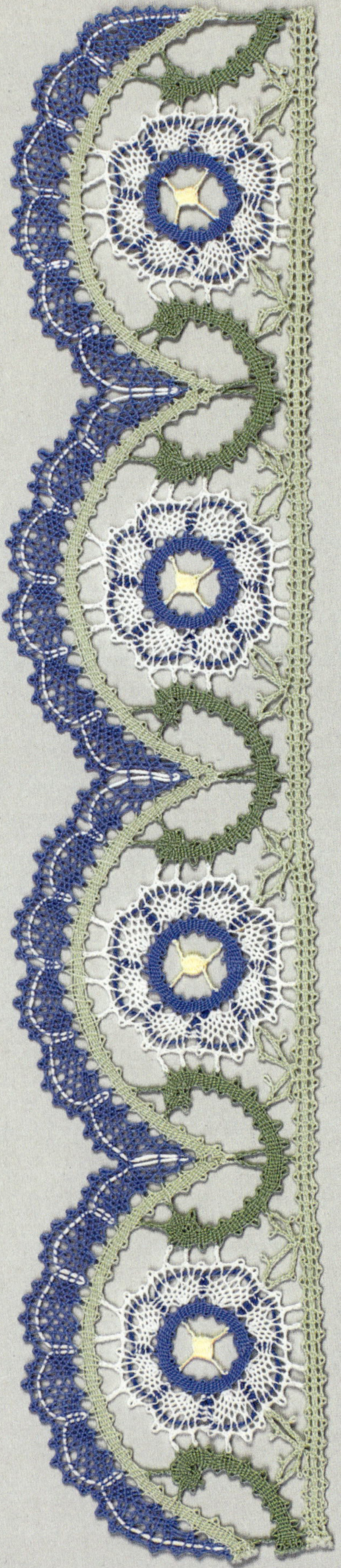

MATERIAL	BW 80 hellgrün, mittelgrün, mittelblau, weiß, gelb 1 Konturfadenpaar BW 80 mittelblau und weiß

AUSFÜHRUNG

Außenbögen:	5 KP hellgrün für Leinenbogen 5 KP mittelblau 1 Konturfadenpaar, weiß
Bogen mit Locke:	5 KP mittelgrün
Blüte:	Innenring 5 KP mittelblau
Blütenfüllung:	Formschlag 2 KP gelb
	Blütenblätter 5 KP weiß 1 Konturfadenpaar mittelblau Falsche Flechter, Verbindung
Rand:	5 KP hellgrün Flechter mit Ösen, hellgrün

DETAILS

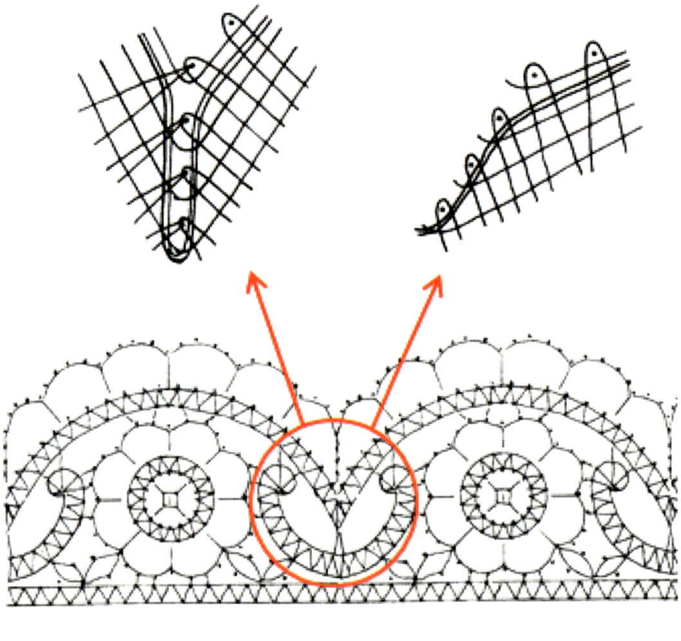

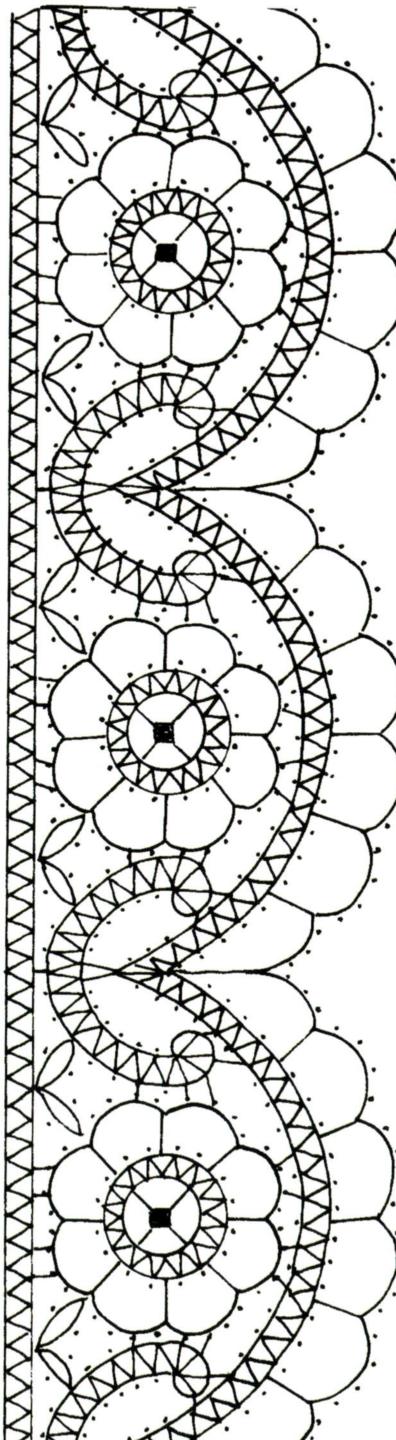

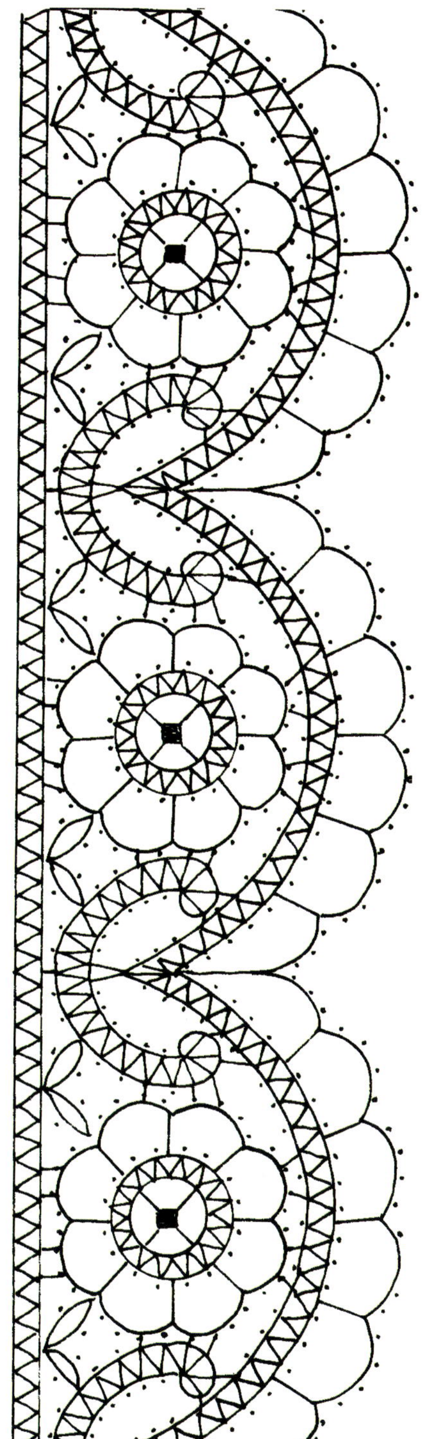

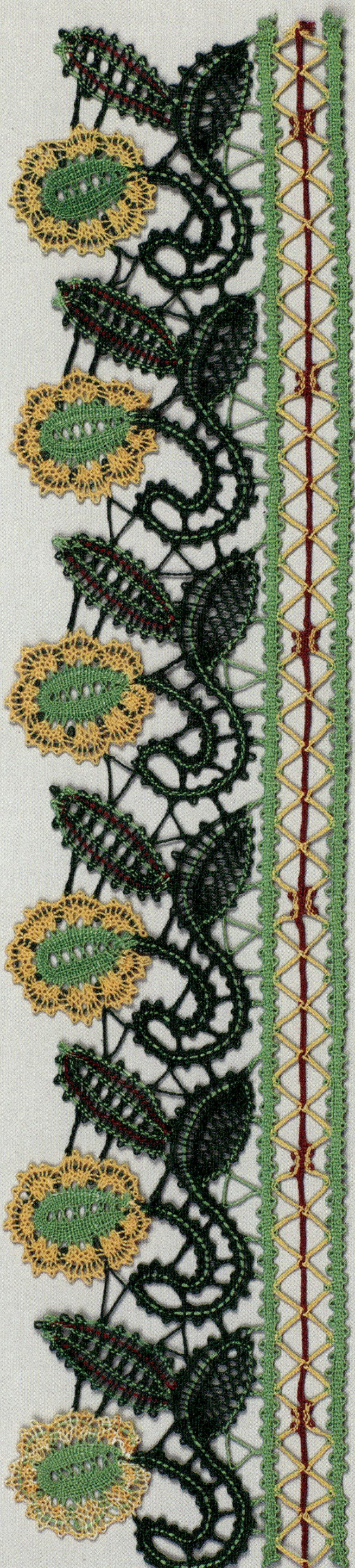

MATERIAL	BW 80 in verschiedenen Farben; 1 Konturfadenpaar BW 80 dunkelgrün

AUSFÜHRUNG

Band:	links und rechts jeweils 4 KP hellgrün Mitte 4 KP gelb, 2 KP weinrot
Ovale Blüte:	Mitte: 5 KP hellgrün Blütenblätter: 5 KP gelb 1 Konturfadenpaar dunkelgrün
Stängel:	3 KP dunkelgrün
Blatt 1:	4 KP dunkelgrün
Blatt 2:	4 KP, davon 2 hellgrün, 1 weinrot 1 Laufpaar dunkelgrün
Dreieck:	1 KP hellgrün bzw. dunkelgrün

Verbindungen sind falsche Flechter, Dreiecke

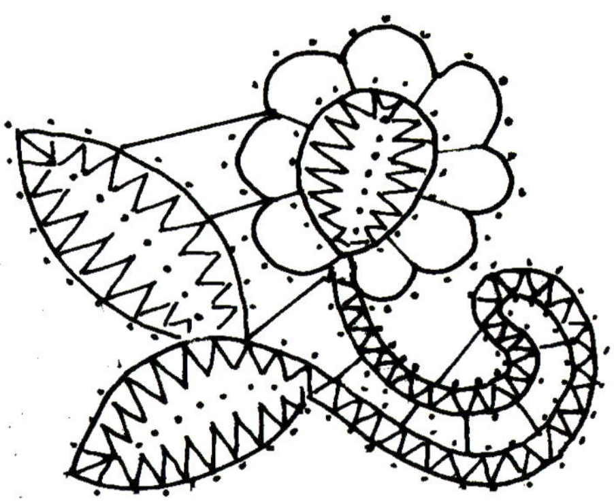

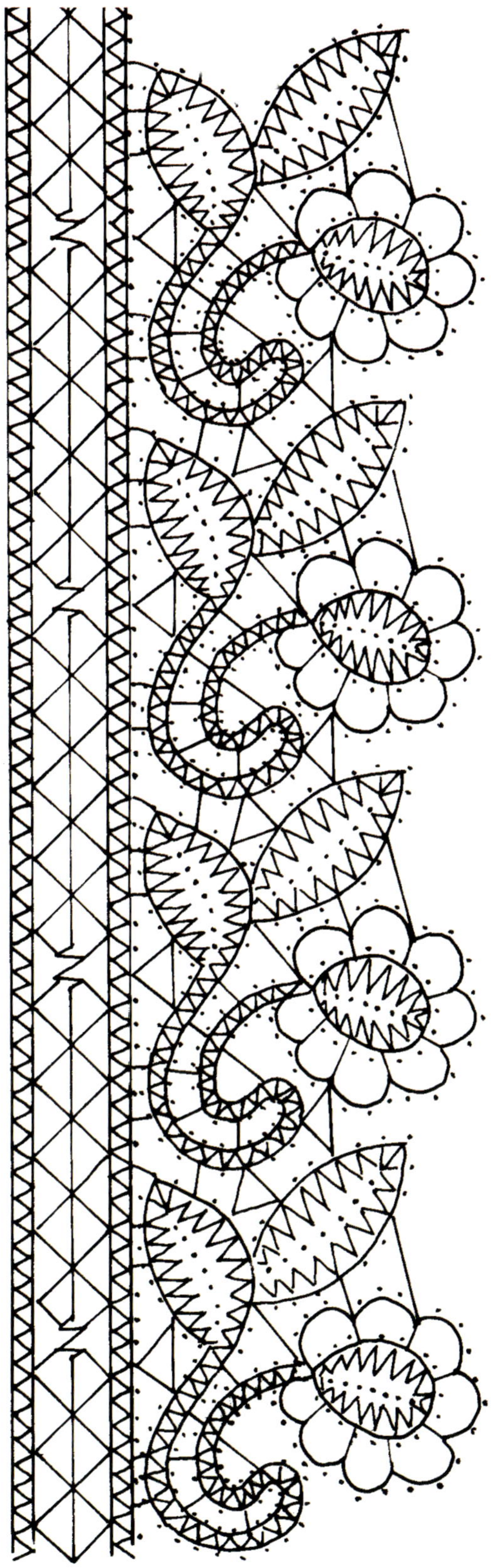

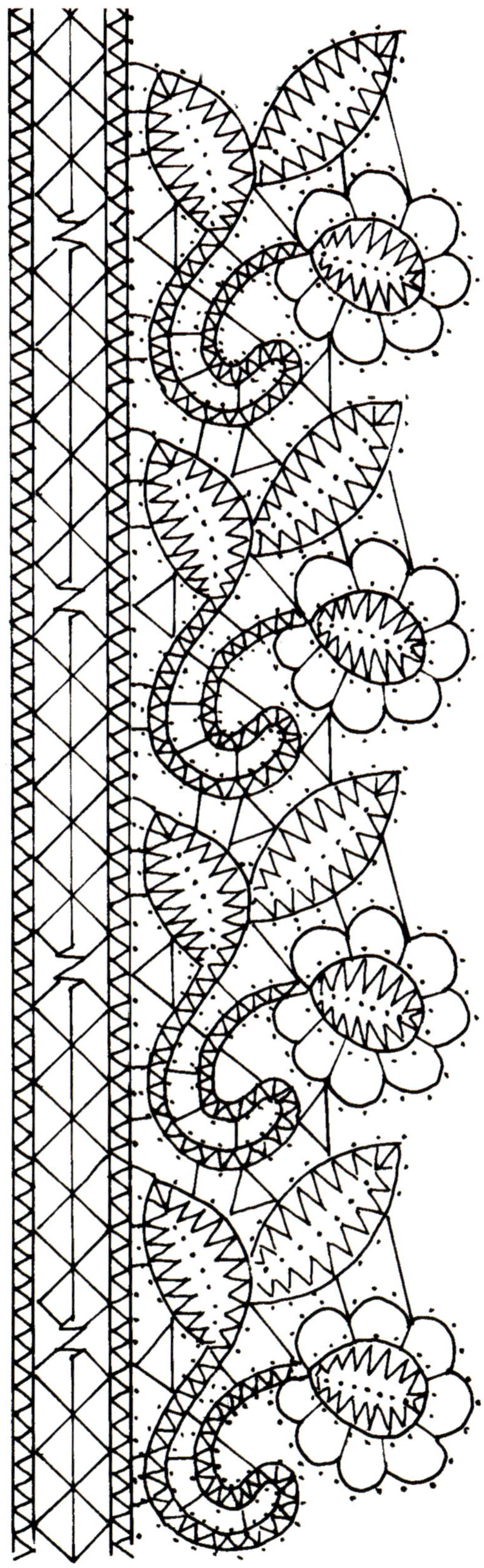

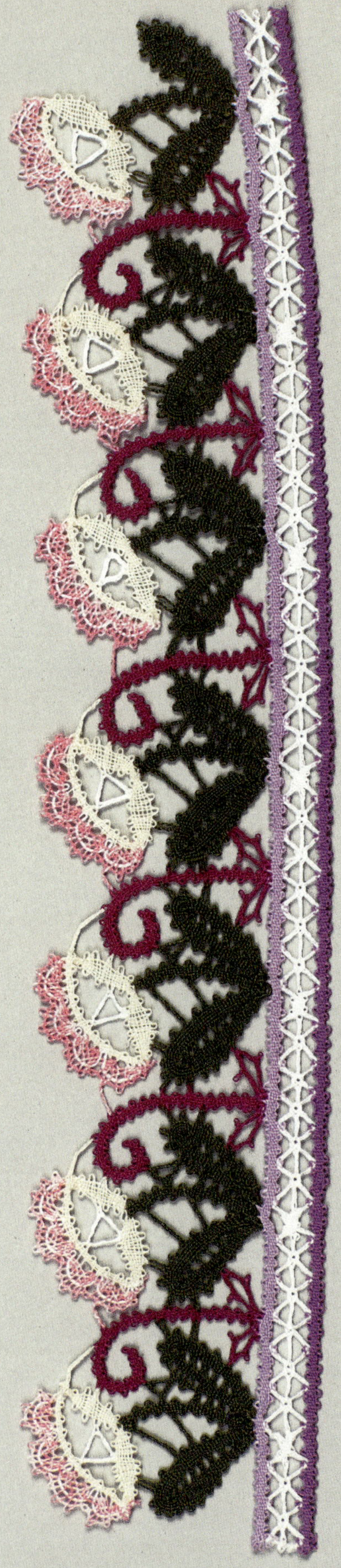

MATERIAL BW 80 in verschiedenen Farben; 1 Konturfadenpaar weiß

AUSFÜHRUNG

1. Zuerst das Band klöppeln. Je 4 KP, rechts violett, links lila. Mitte: 6 KP für Flechterverzierung mit 6-paariger Verbindung.
2. Stängel: Bei **A** mit 4 KP weinrot beginnen, Ende Flechter mit Öse.
3. 2 KP hellgelb bei **B** anstecken, einen Flechter klöppeln, bei Punkt **C** 2 neue KP aufnehmen und die unteren Blätter der Blüte arbeiten.
4. 1 KP hinauslegen und abknüpfen. Mit den verbliebenen KP das untere Ende der Blüte im Leinenschlag mit Dreieck klöppeln.
5. Blütenblätter mit 4 KP rosa meliert und einem Konturfadenpaar weiß arbeiten.
6. Zum Schluss mit Stängel beginnen und die Blätter **D** und **E** in Dunkelgrün klöppeln und abknoten.

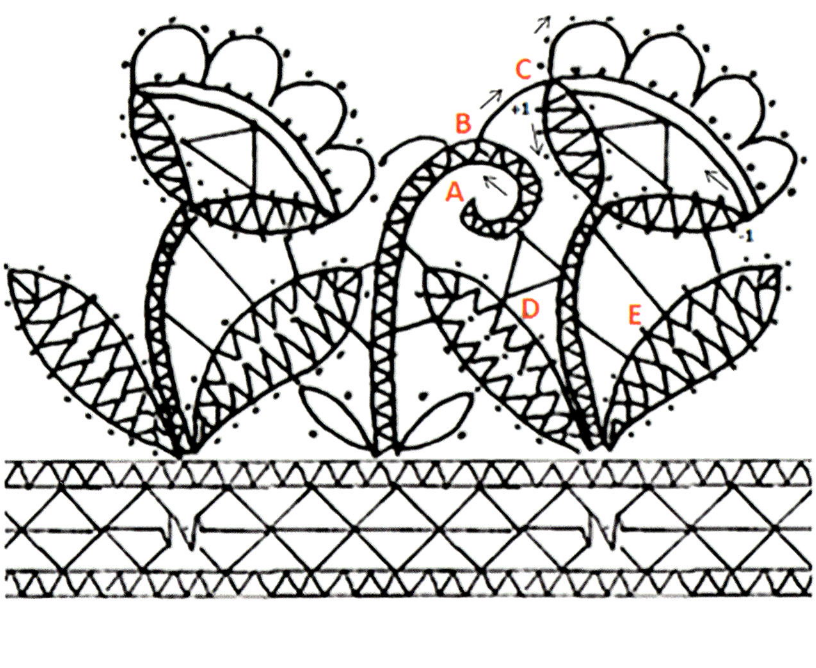

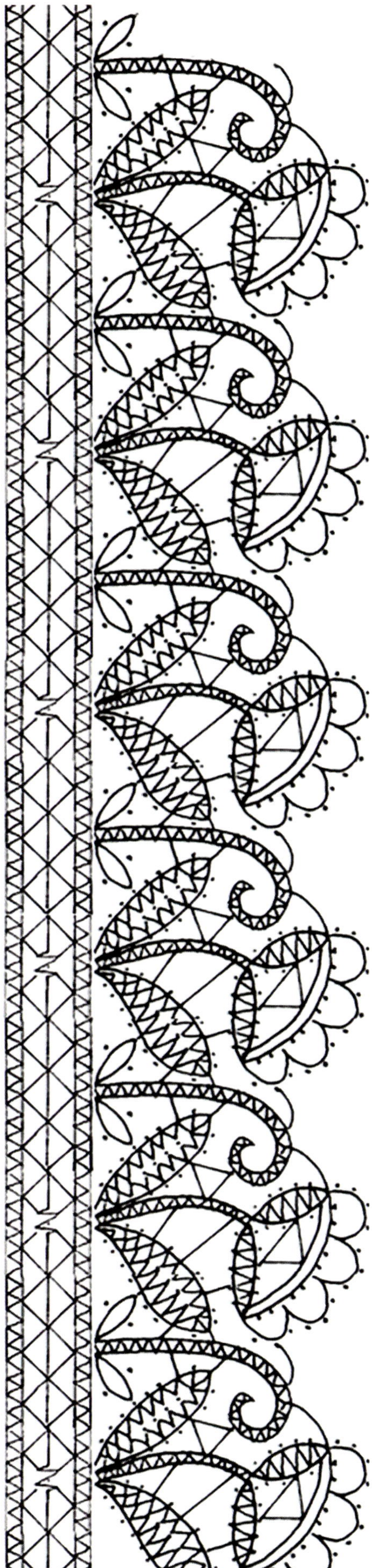

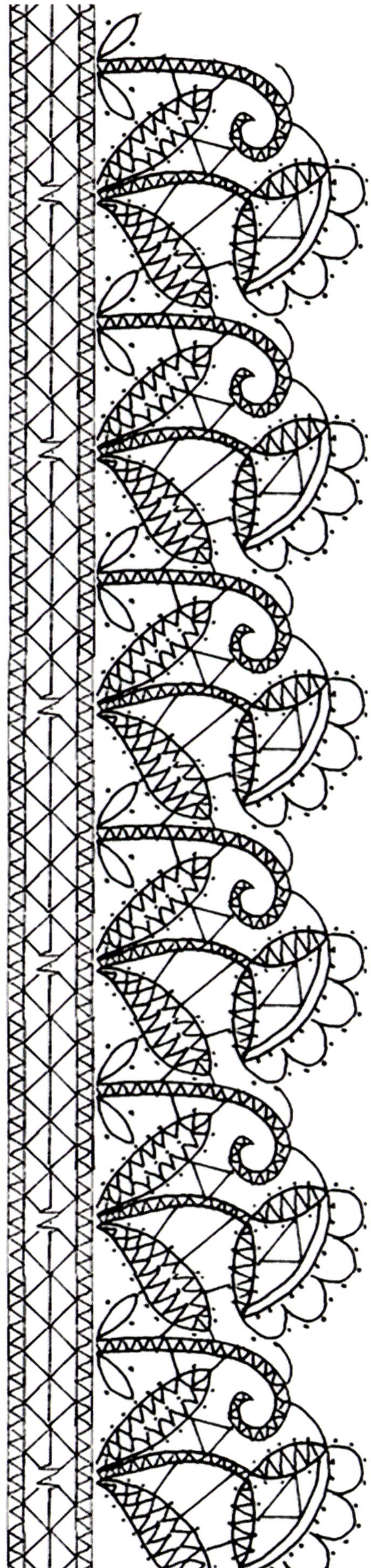

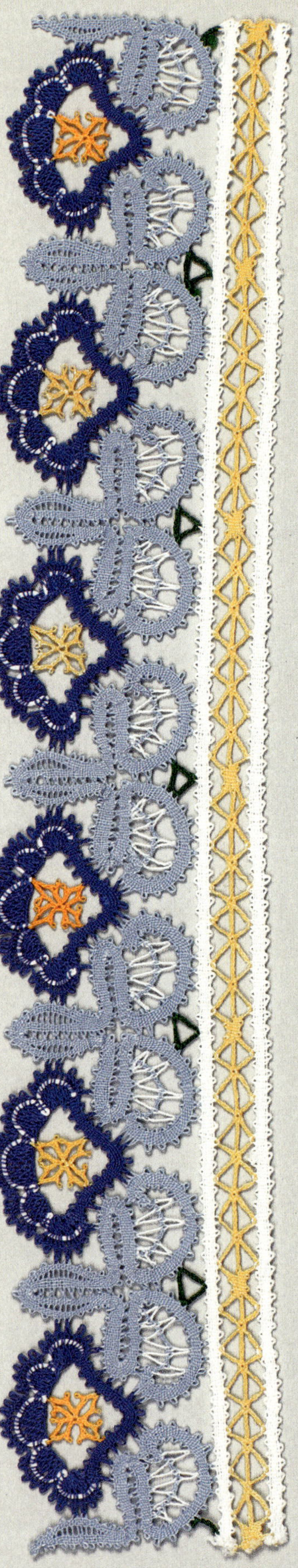

MATERIAL BW 80
Konturfaden Perlgarn Nr. 8

AUSFÜHRUNG

Band:	rechts und links:	4 KP weiß
	Mitte:	6 KP gelb für Flechterverzierung
Dreieck:	2 KP dunkelgrün	
Blätter:	5 KP hellblau	
	Füllung:	1 KP weiß, 2 Flechterpaare hellblau
Halbblüte:	Bogen:	4 KP dunkelblau
	Blütenblätter:	5 KP dunkelblau
		1 Konturfadenpaar weiß
	Mitte:	2 KP orange für Flechter mit Öse

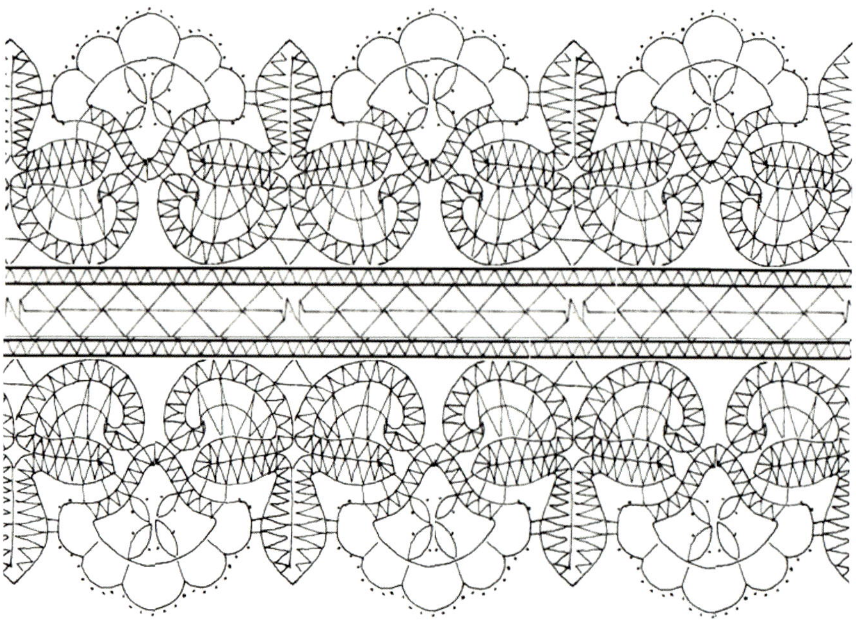

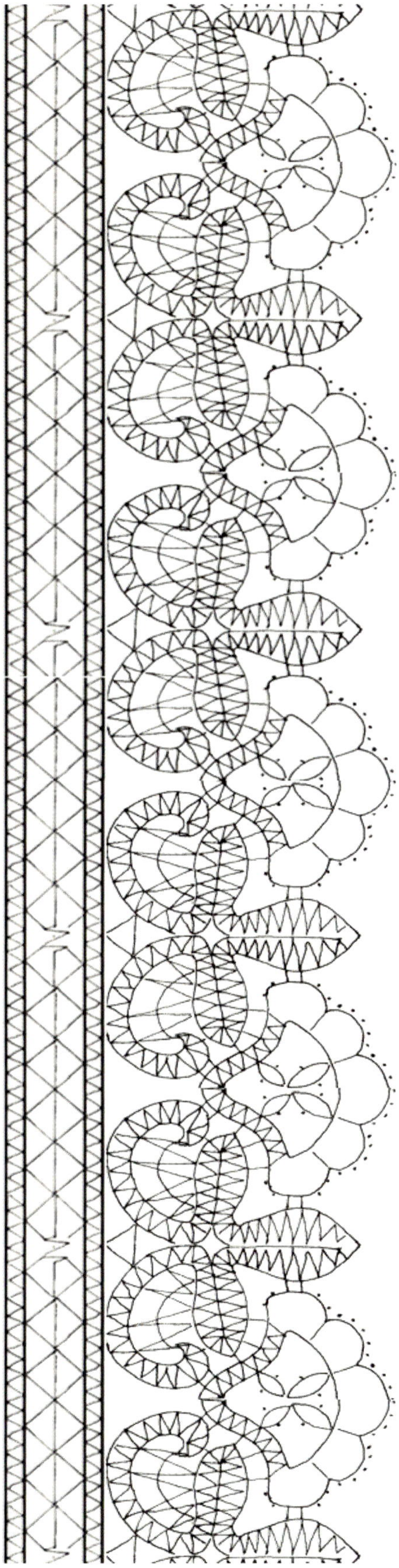

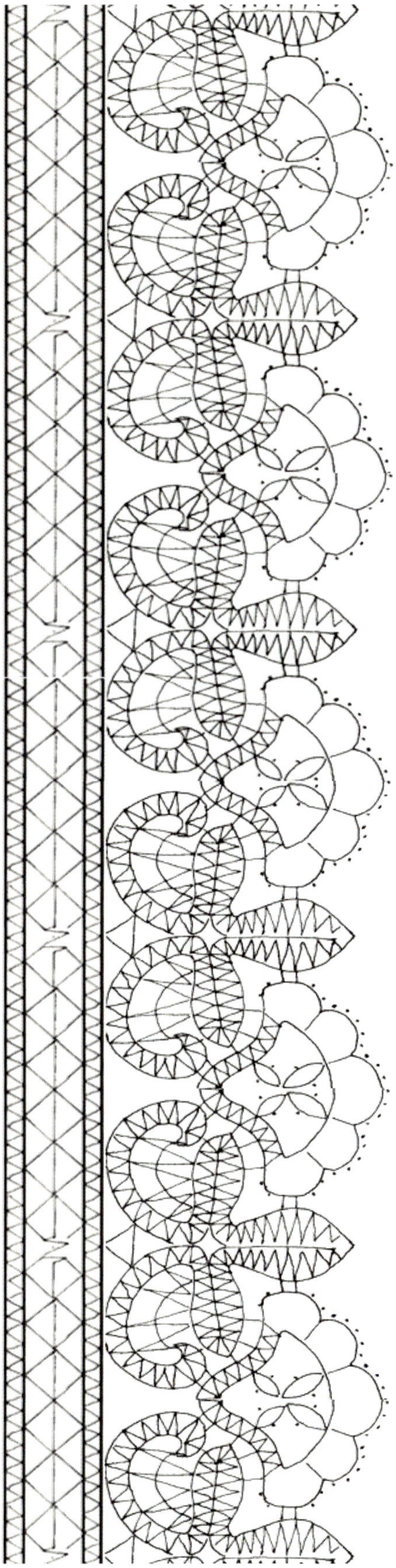

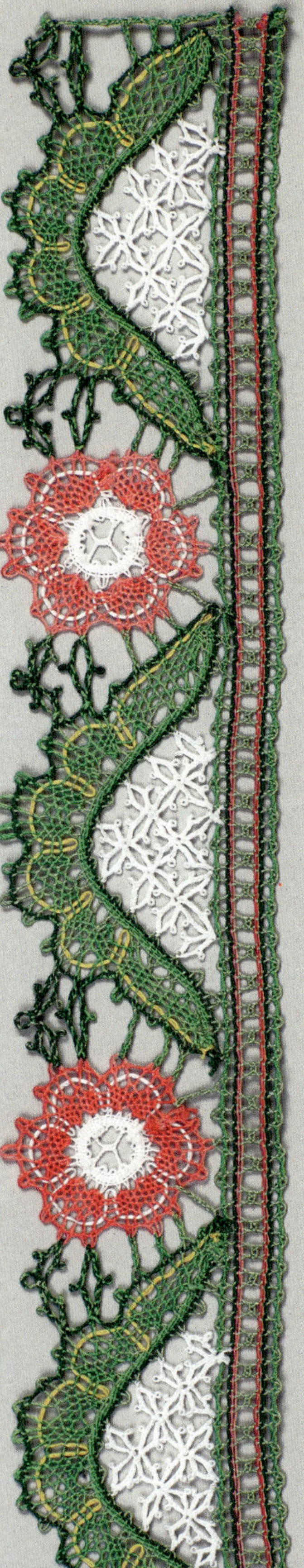

MATERIAL
BW 80 in verschiedenen Farben
1 Konturfadenpaar BW 80 weiß
1 Konturfadenpaar BW 80 gelb

AUSFÜHRUNG

Blume:	Innenring:	4 KP weiß
	Mitte:	2 KP Ganzschlag
	Blütenblätter:	5 KP rot meliert
		1 Konturfadenpaar weiß
Band:	8 KP, davon 2 hellgrün, 2 dunkelgrün, 2 rot meliert und 2 mittelgrün	
Blätterbogen:	Beginn mit 4 KP (1 dunkelgrün, 2 mittelgrün, 1 hellgrün) für das Leinenband	
	1 zusätzliches KP mittelgrün für die Bögen im Halbschlag	
	1 Konturfadenpaar gelb	
Verbindungen:	Flechter mit Ösen und falsche Flechter	
Füllung:	2 KP weiß	

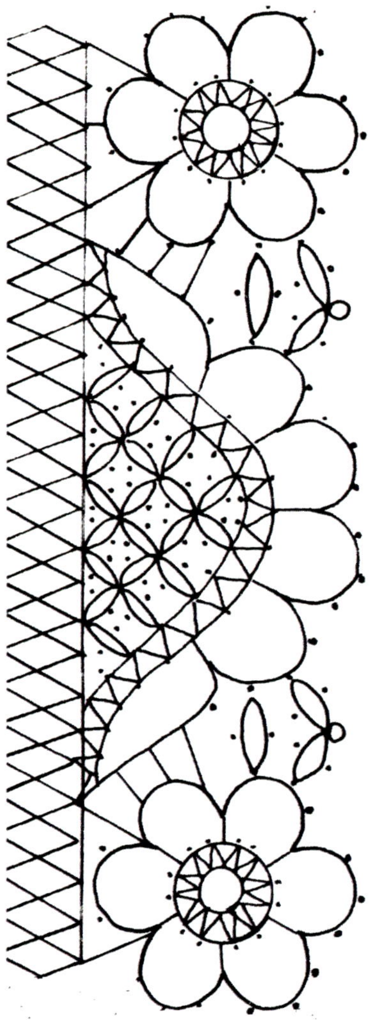

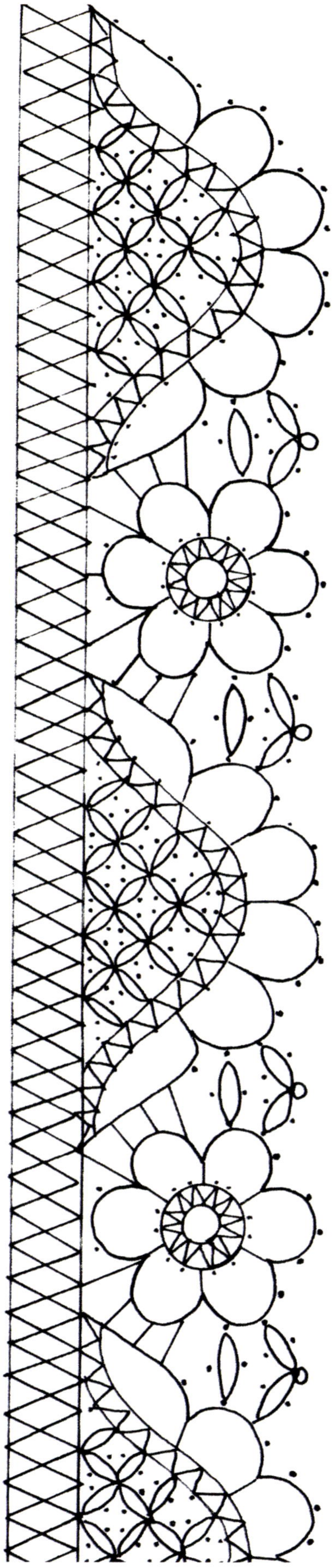

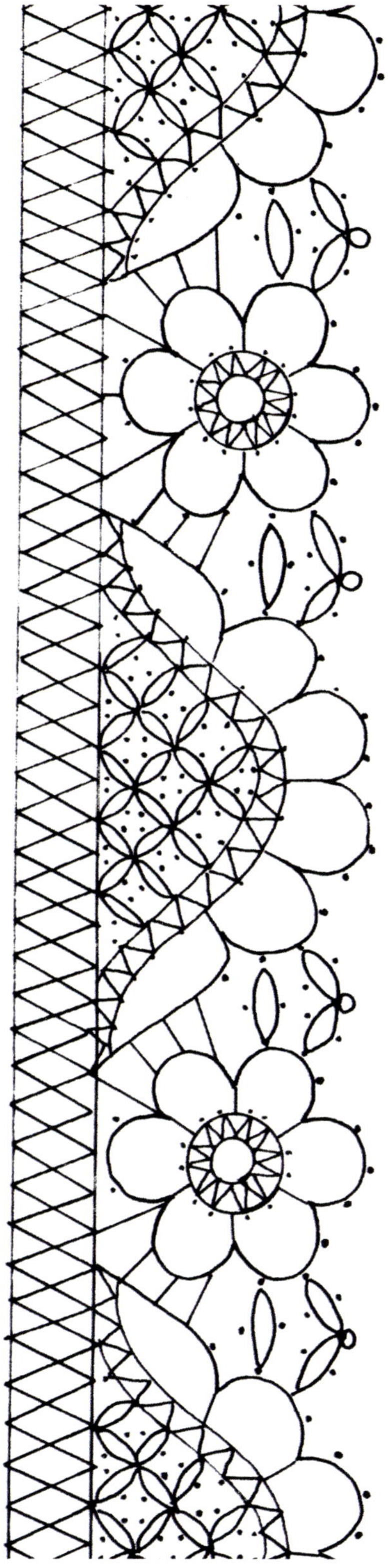

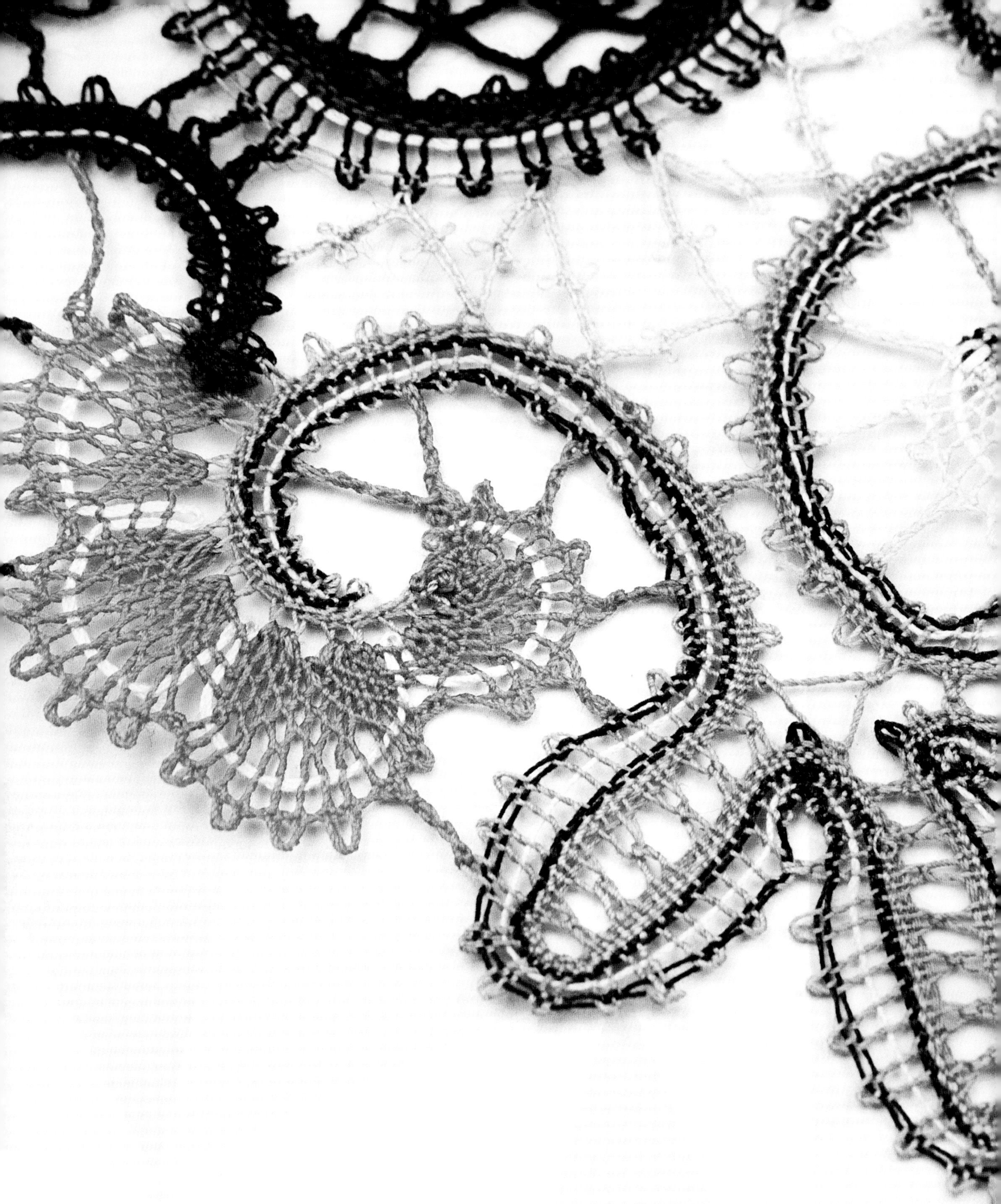

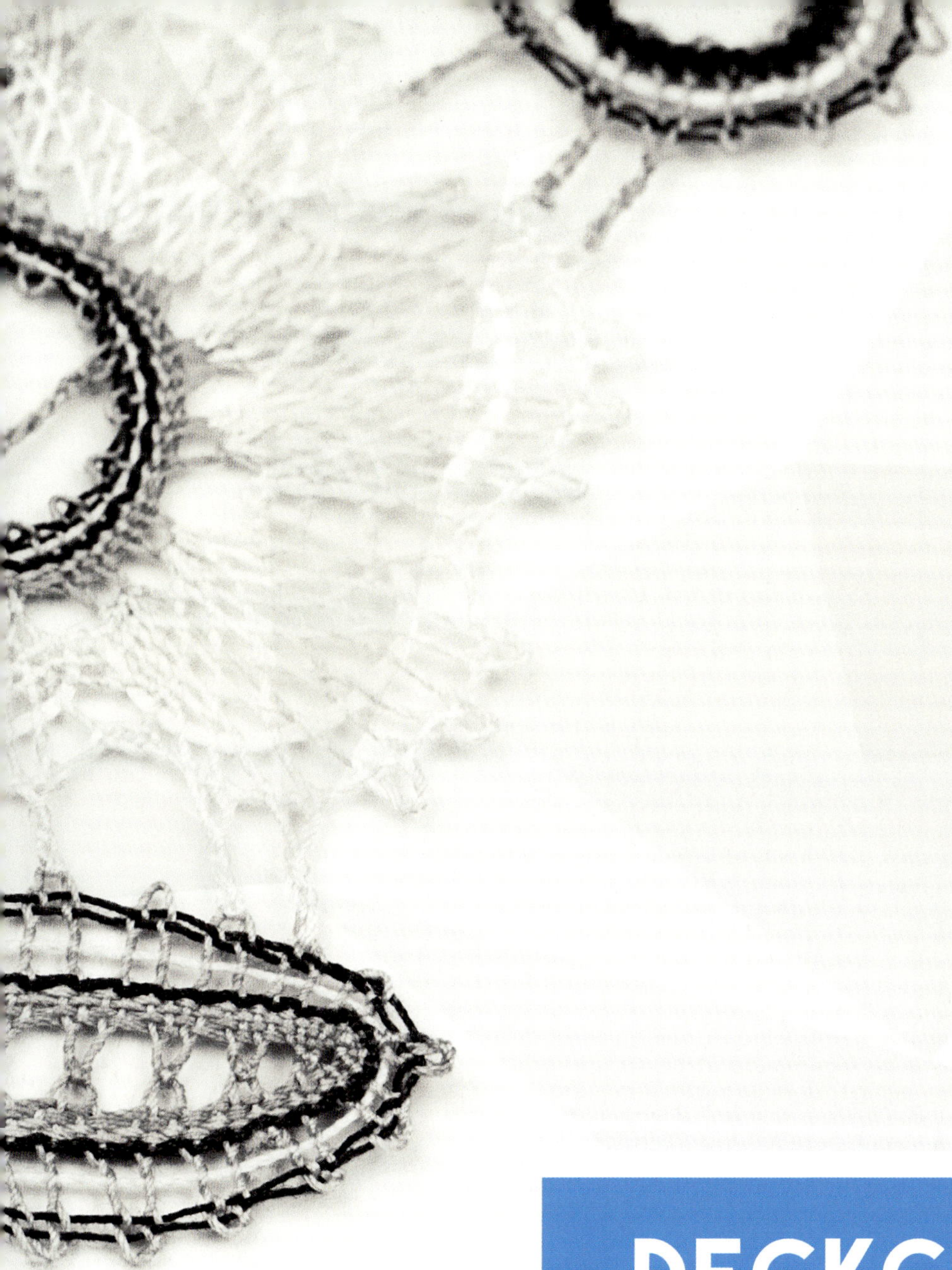

DECKCHEN

Doily
Napperon
Centrino

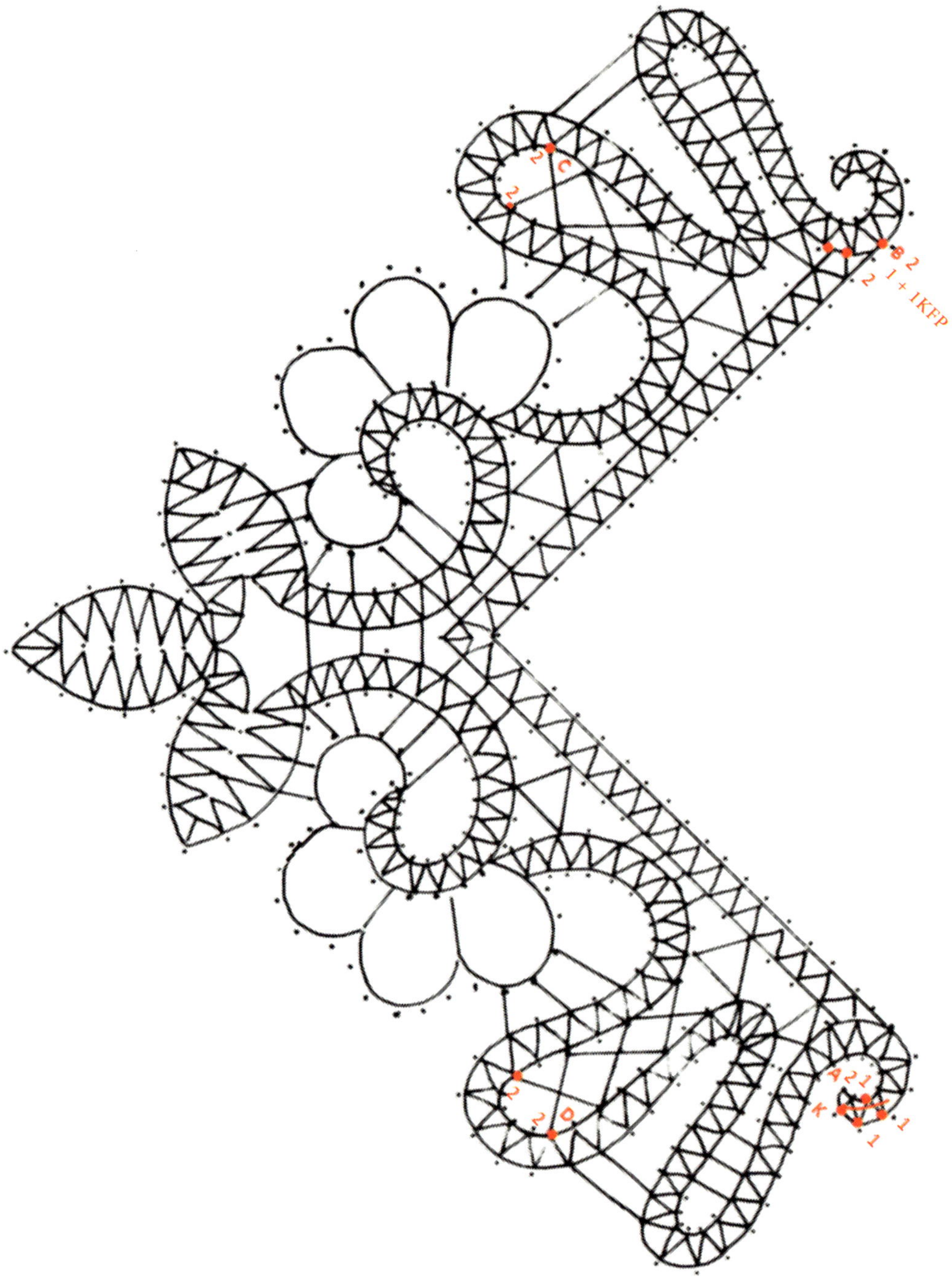

MATERIAL

5 KP BW 60 oder Leinen 50/3
1 Konturfadenpaar Perlgarn 8 oder Seidengarn

AUSFÜHRUNG

Beginnen bei **A**, bei **K** Konturfaden einlegen und noch drei weitere Klöppeln aufnehmen. Blätter und Stängel werden im Leinenschlag, die Blütenblätter im Halbschlag mit Rand im Ganzschlag und mit Konturfaden geklöppelt.

DECKCHEN MIT BLÄTTERMOTIV

MATERIAL

BW 80 weiß und violett
1 Konturfadenpaar Perlgarn 8 violett

AUSFÜHRUNG

Inneres Quadrat:	4 KP Leinenschlag
Blätterform:	5 KP Leinenschlag
Bogen:	5 KP + 1 Konturfadenpaar Halbschlag mit Ganzschlagrand

Füllungen zwischen den Blättern und dem Bogen 4 KP
Füllungen zwischen den Blättern 2 KP
Die Anzahl der Drehungen bei den Füllungen richtet sich nach der Länge, im Kreuzungspunkt Ganzschlag.

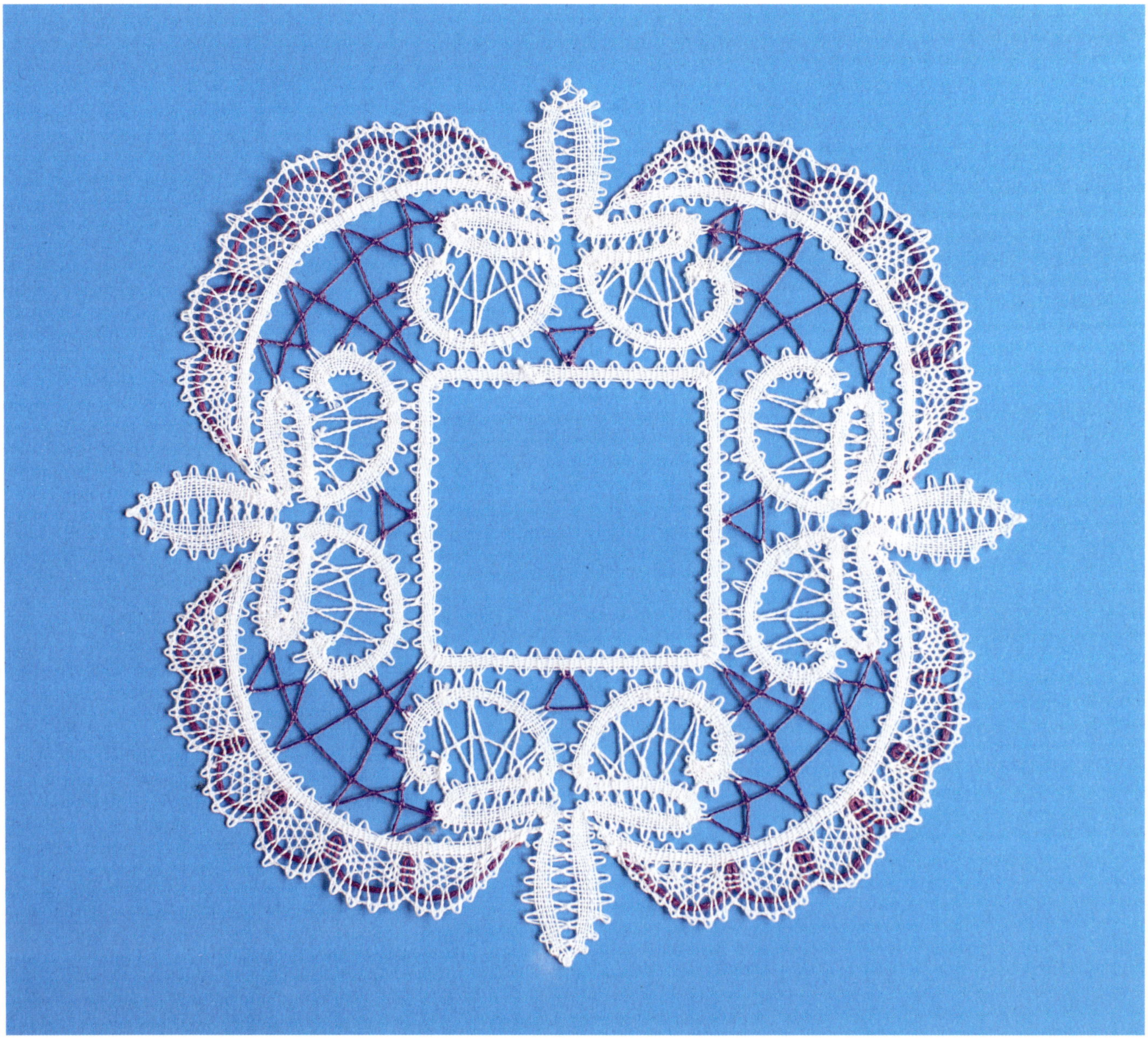

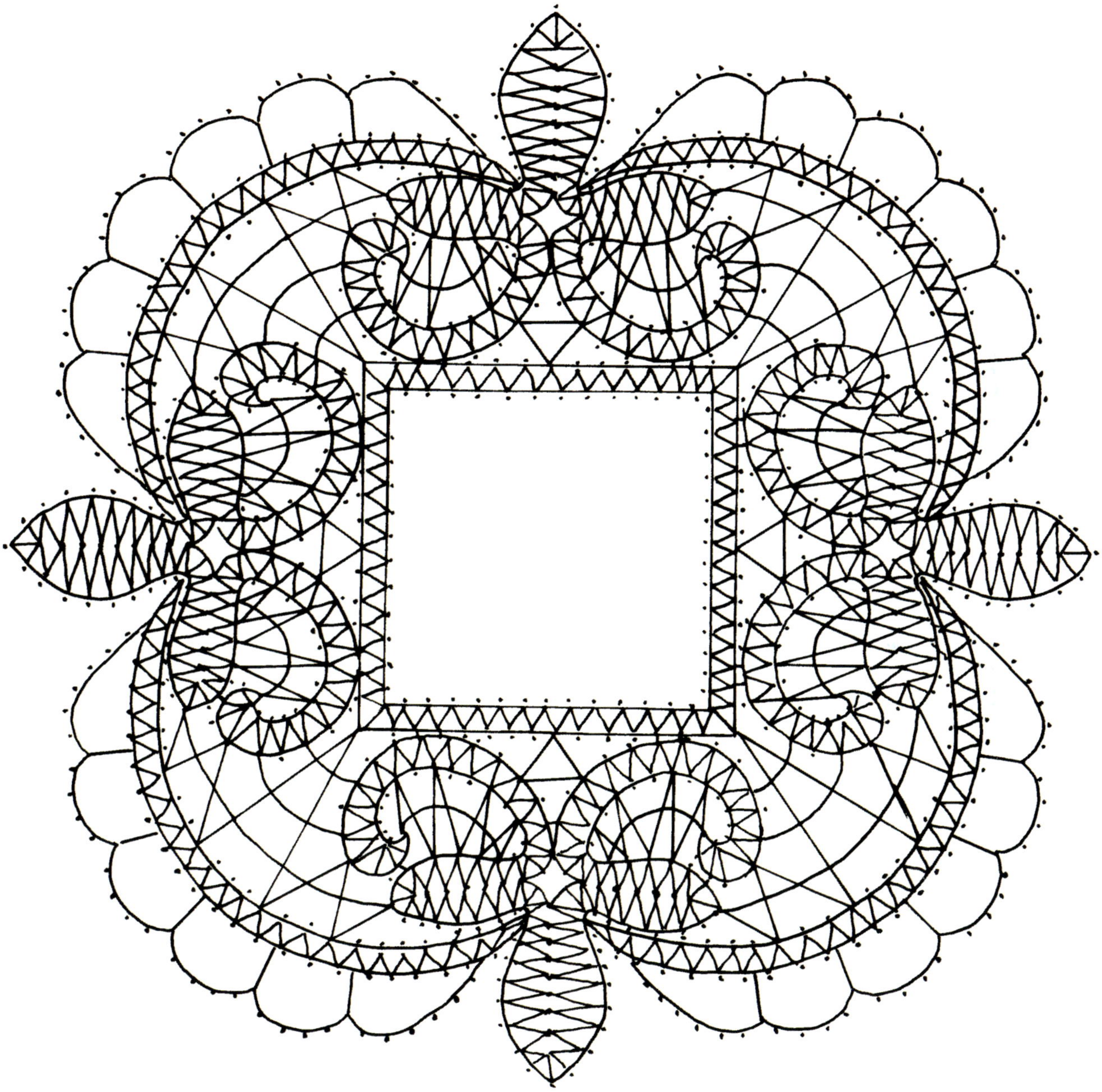

OKTOGONALFÖRMIGES DECKCHEN

MATERIAL	BW 80 weiß und Pastellfarben grün, gelb, rosa		
AUSFÜHRUNG	V-Bogen:	Rand:	5 KP weiß (Ganzschlag – Leinenschlag – Ganzschlag)
		Füllung:	Flechter, 6 KP weiß mit 6-paariger Verbindung
	Blüte:	4 KP Innenring, Flechterfüllung mit Ösen	
		Blütenblätter 5 KP Leinen- und Halbschlag Formschlag Karo	
	Blätter:	5–6 KP Leinenschlag weiß mit je einem pastellfarbenen Garn Laufpaardrehungen in der Mitte	

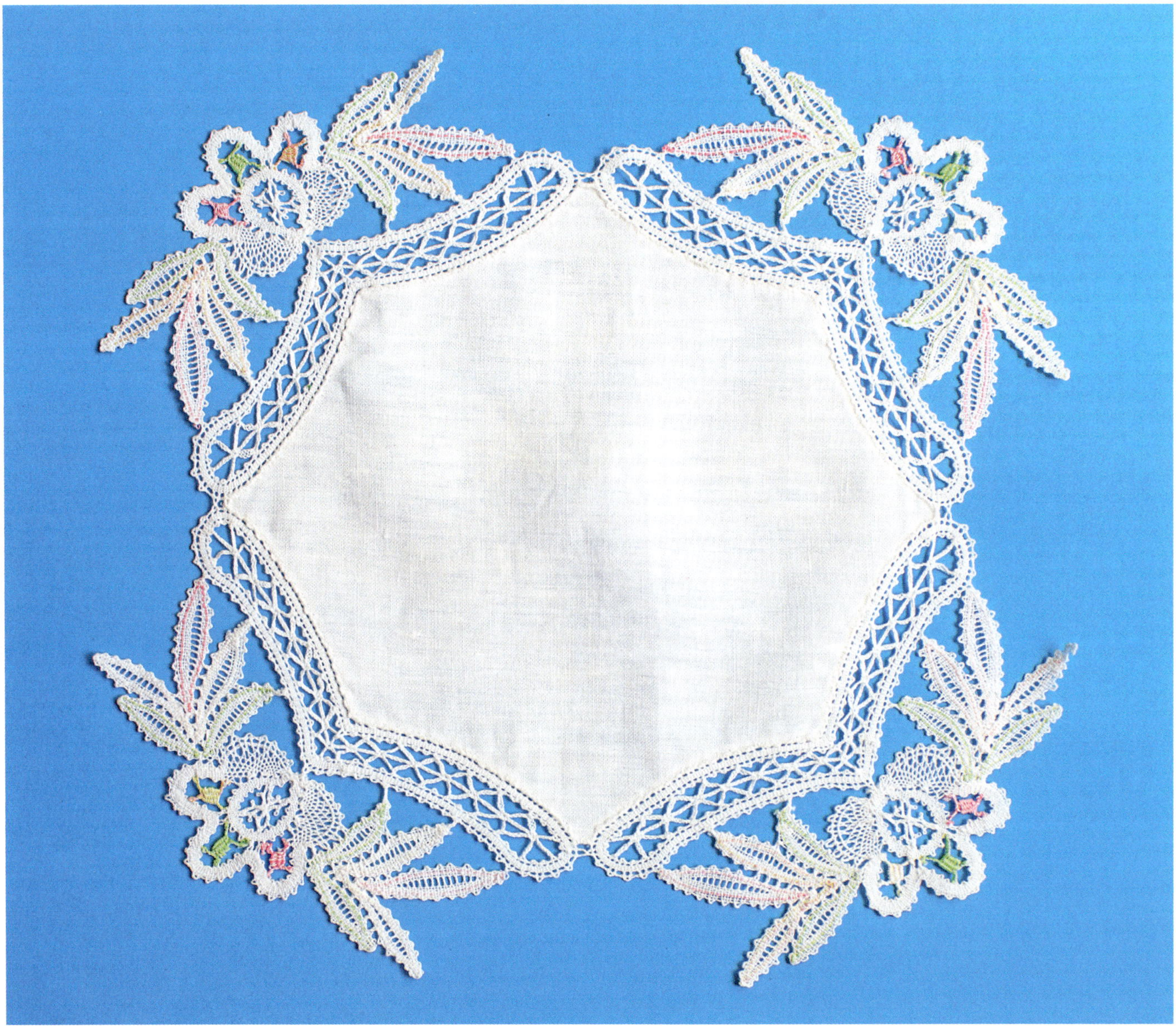

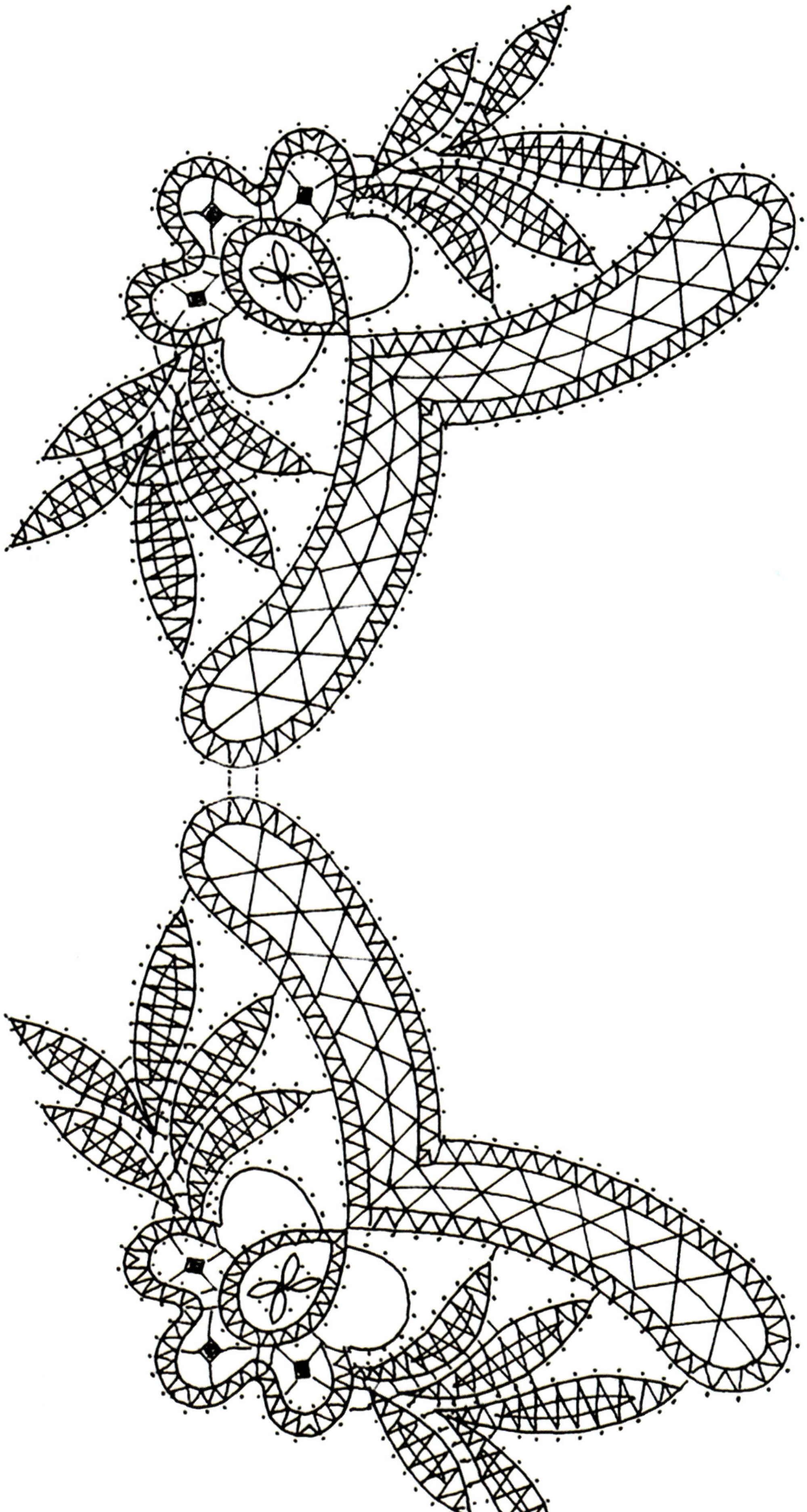

SPIEL MIT BLÜTEN

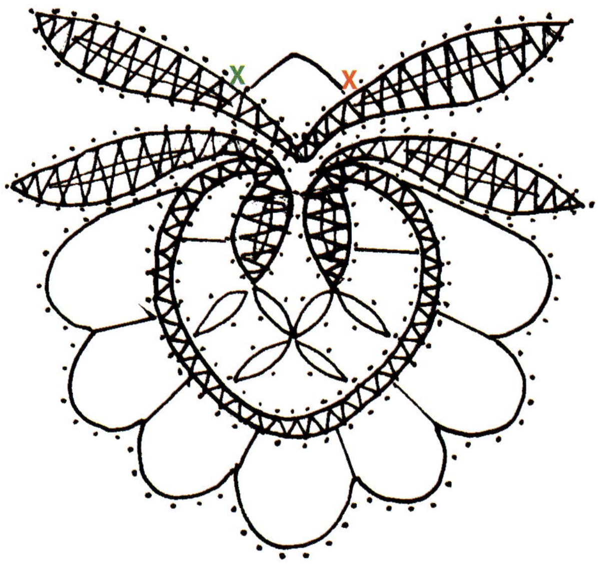

MATERIAL

BW 80 weiß
1 Konturfadenpaar Perlgarn 8

AUSFÜHRUNG

Blätter und Innenkreis: Beim rechten inneren Blatt an der Spitze mit 2 KP beginnen, 3 weitere KP aufnehmen. Am Ende des Blattes 1 KP abknüpfen und mit 4 KP den Innenkreis arbeiten. Beim zweiten Blatt 1 KP wieder aufnehmen, das Blatt mit 2 KP beenden.
Mit diesen 2 KP die Flechter-Füllung klöppeln.

Blütenblätter:	5 KP und 1 Konturfadenpaar
Blätter I und II:	Jeweils mit 2 KP beginnen und weitere 3 KP aufnehmen. Mit 2 KP die Blätter rechts und links beenden.
Blätter III und IV:	Ebenfalls mit 2 KP beginnen, 3 weitere KP aufnehmen, bei X 2 KP für den Flechter hinauslegen, mit 3 KP weiterarbeiten. Bei X den geklöppelten Flechter dazunehmen, weiterarbeiten und mit 2 KP das Blatt beenden.

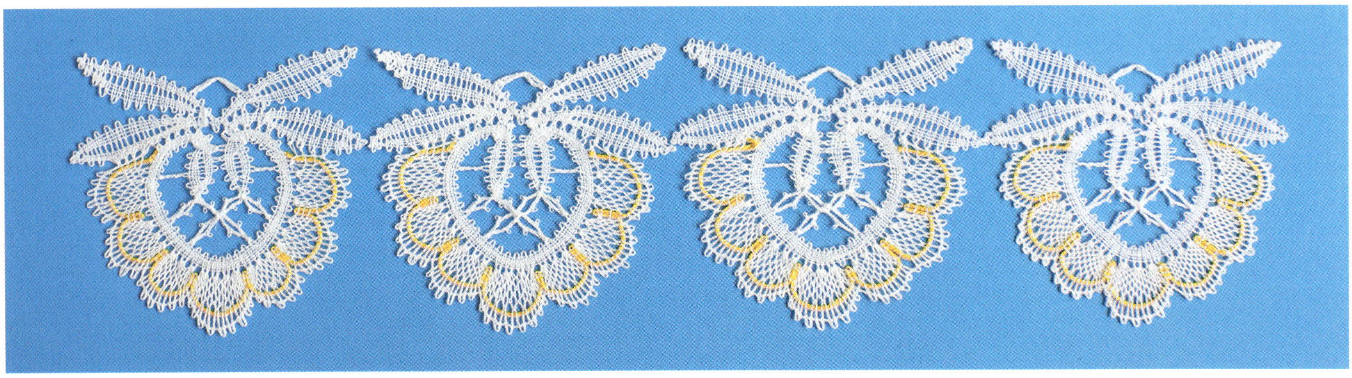

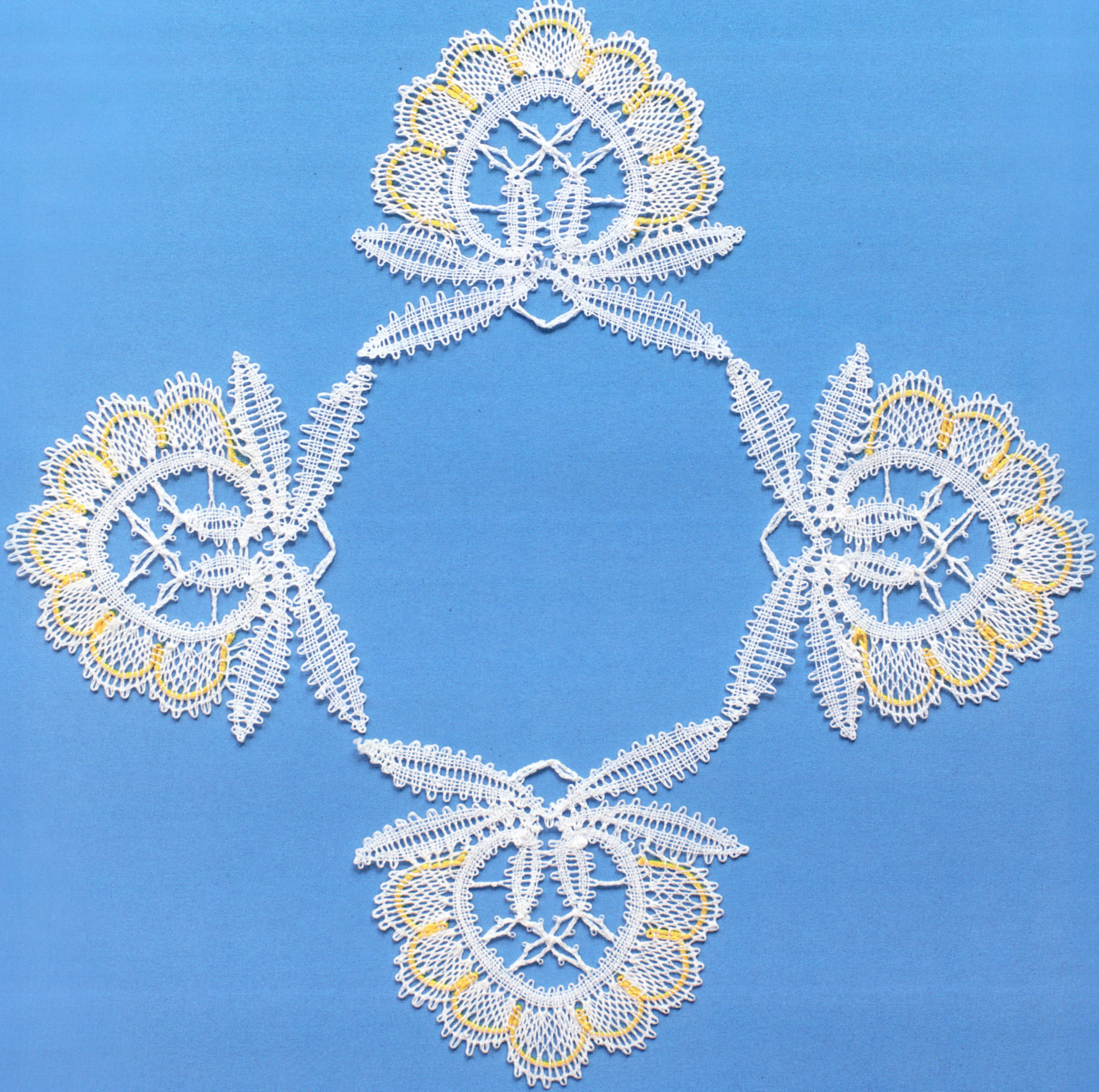

MATERIAL	BW 80 in verschiedenen Farben 1 Konturfadenpaar weiß für die Blumen 1 Konturfadenpaar weiß für den rechten und linken Blütenbogen		
AUSFÜHRUNG	Blume:	Innenring: Blütenblätter:	5 KP hellgelb 5 KP rot oder blau 1 Konturfadenpaar weiß
	Band Mitte:	6 KP hellgelb	
	Blätterbogen:	Beginn mit 3 KP + 2 KP hellgrün für das Leinenband	
	Bögen:	5 KP dunkelgrün in Halb- und Ganzschlag 1 Konturfadenpaar weiß	
	Verbindungen:	Flechter mit Ösen und falsche Flechter	
	Füllung:	2 KP lila	

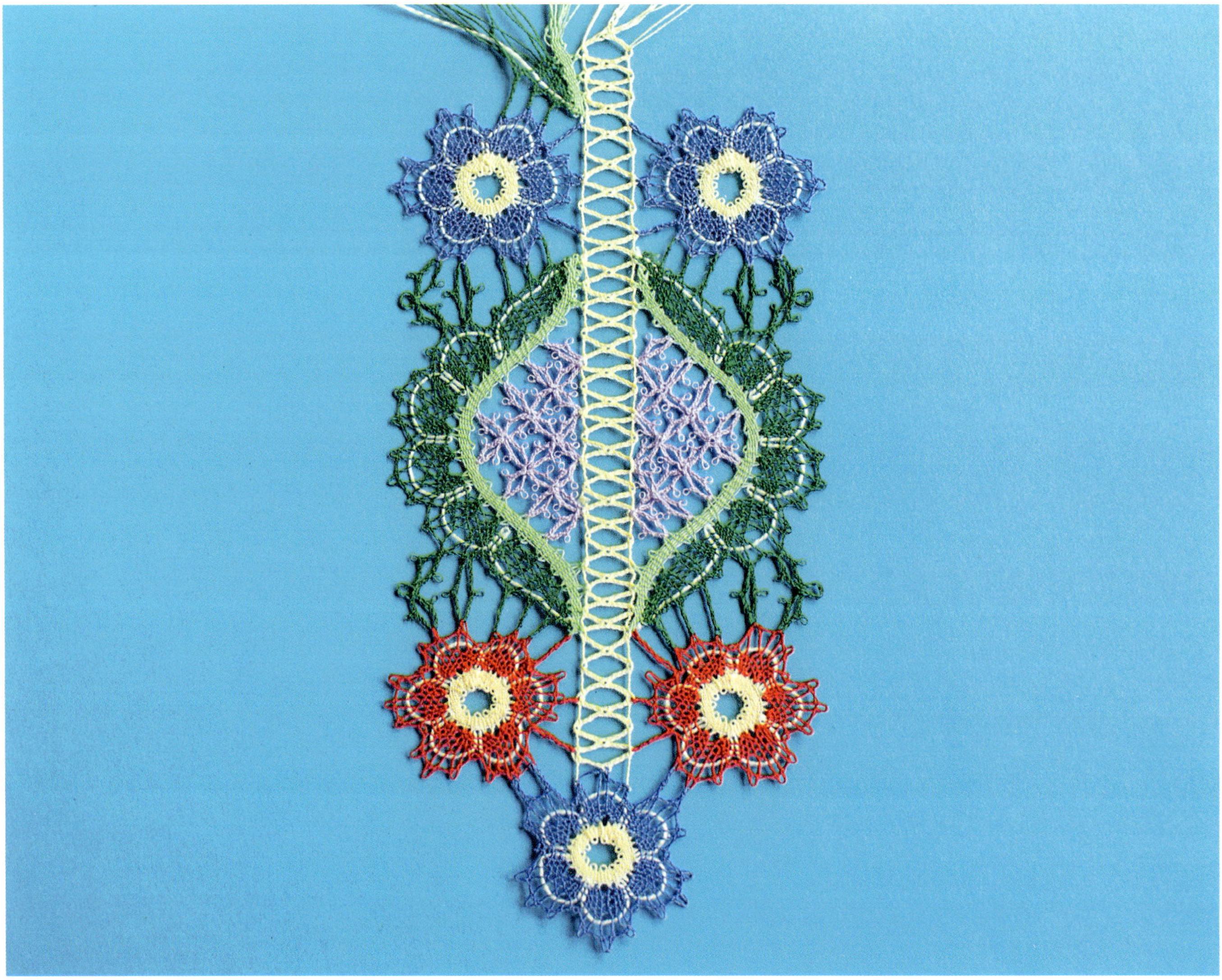

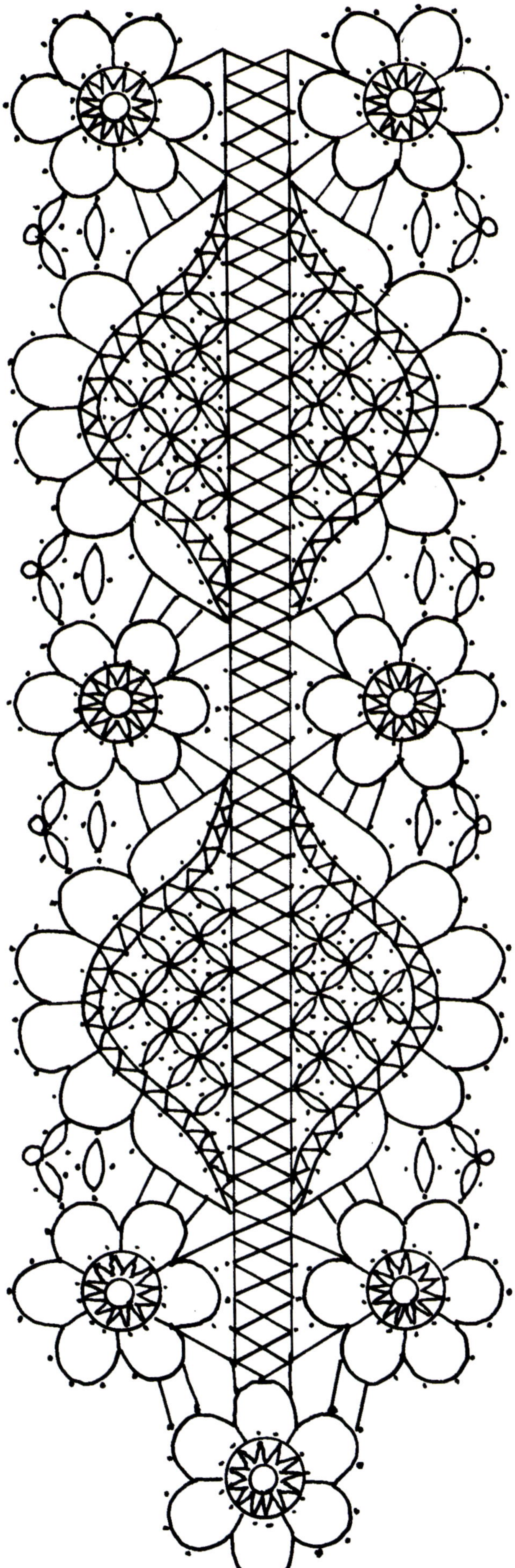

TULPENDECKCHEN

MATERIAL

Seidengarn Stärke 20
Leinen 50/2 oder BW 60

AUSFÜHRUNG

Innenkreis:	4 KP + 1 Konturfadenpaar
Außenkreis:	3 KP
Tulpe:	5 KP + 1 Konturfadenpaar
Füllung:	Flechter mit Ösen Jedes zweite Mal werden die Tulpen mit Flechtern verbunden.

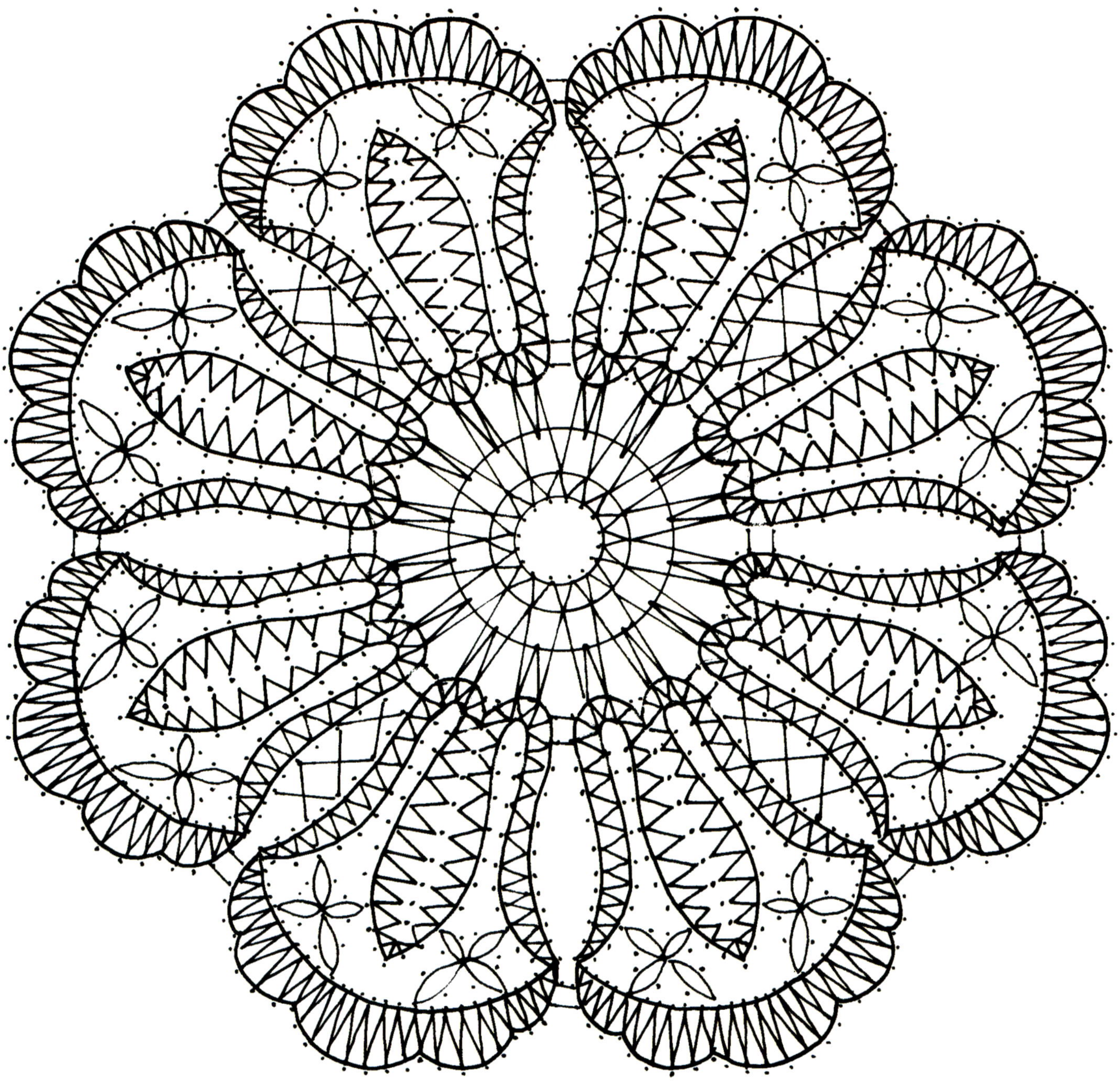

GIRLANDENDECKCHEN

MATERIAL	Girlandenrand:	5 KP
	Füllung:	42 KP, Flechter mit Ösen und Dreiecken

AUSFÜHRUNG Zuerst **A** den Girlandenrand klöppeln und dann **B** die Flechterfüllung.

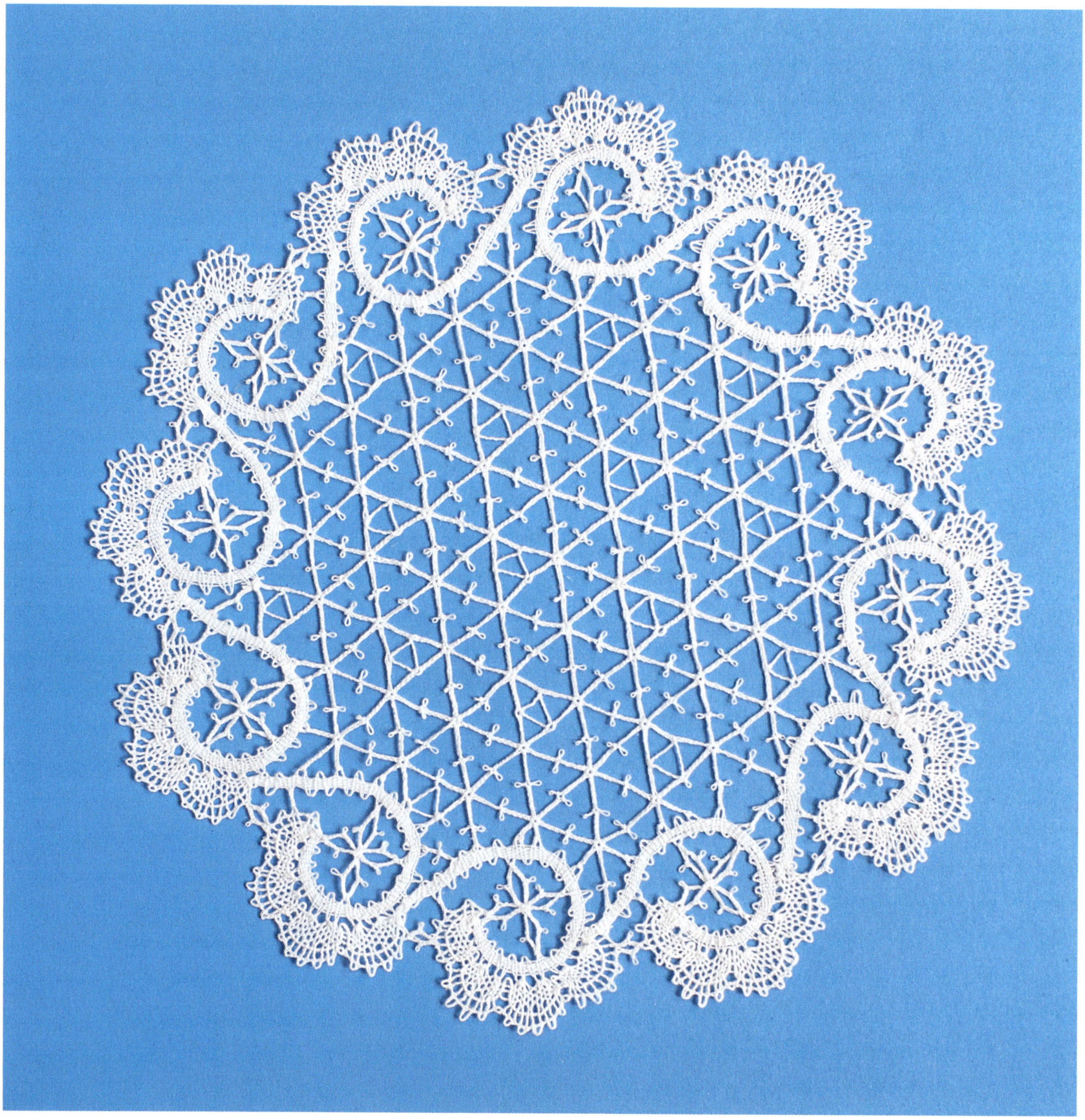

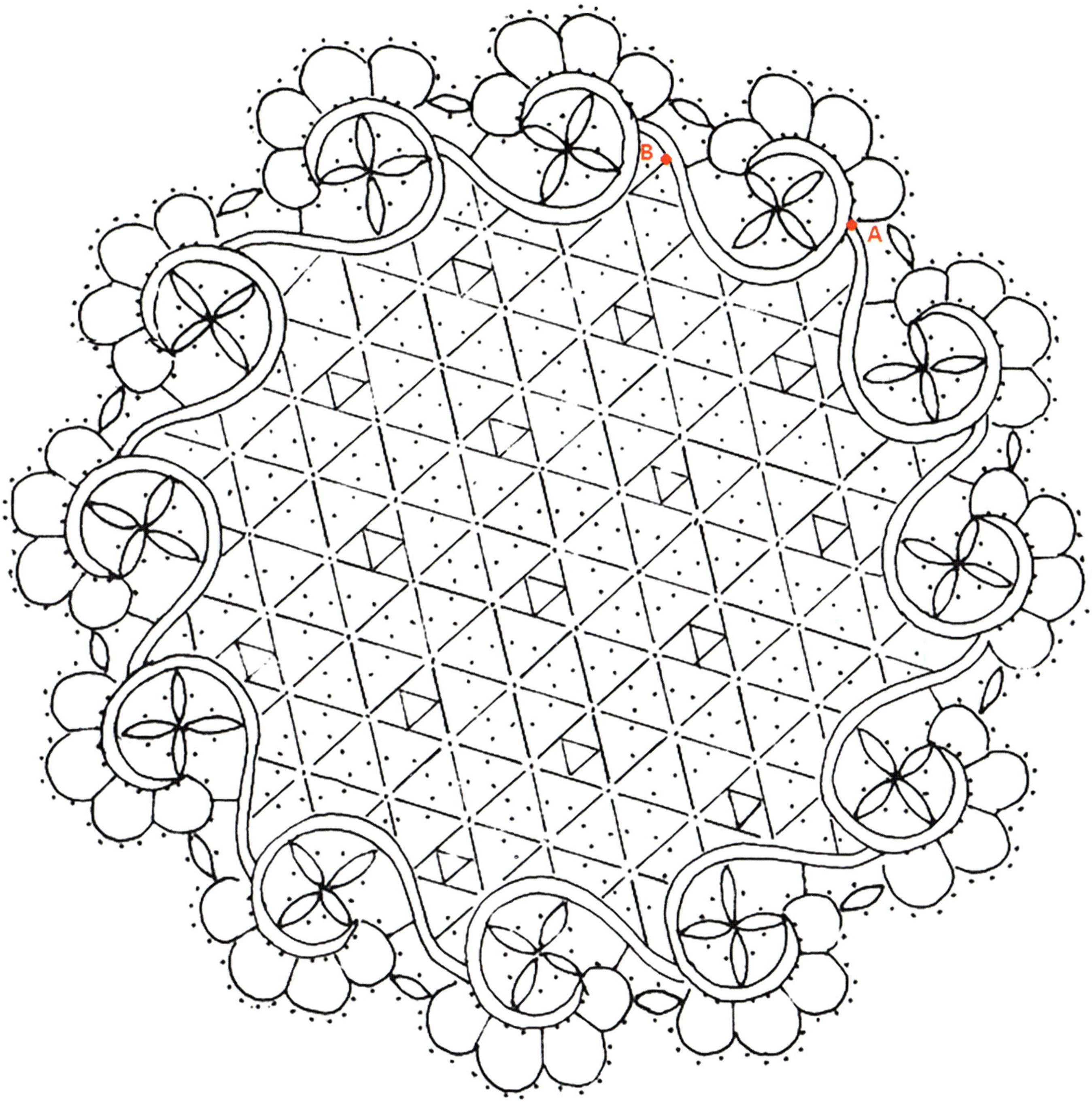
B
A

HERZ UND BLÜTEN

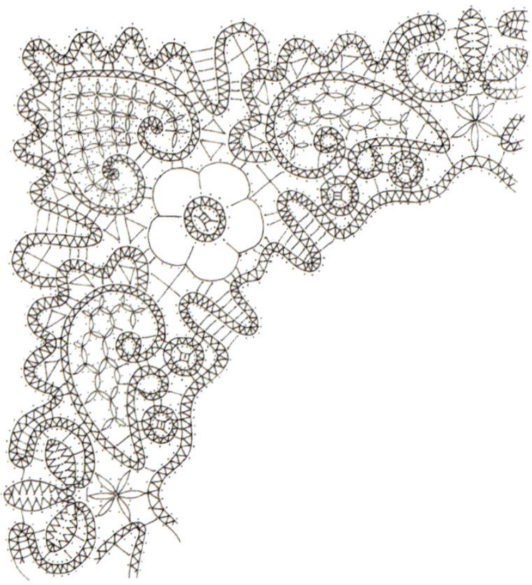

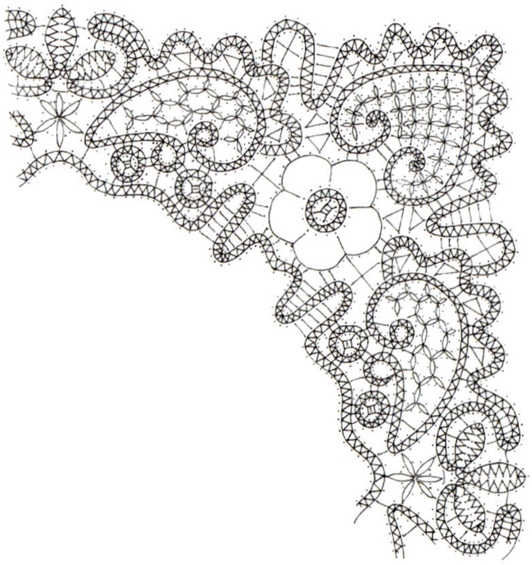

MATERIAL	BW 80 in verschiedenen Farben (uni und meliert)		
AUSFÜHRUNG	Grazer Blume:	Innenring:	5 KP, Leinenschlag
		Blütenblätter:	7 KP und 1 Konturfadenpaar, Halbschlag mit Ganzschlagrand
		Füllung:	2 KP für Formschlag Karo
	Grazer Herz:	Leinenschlagbändchen mit 5 KP	
		Füllung:	Flechter mit gezogenen Ösen: 2 KP
	Paisley-Form:	Leinenschlagbändchen mit 5 KP	
		Füllung:	Flechter mit gezogenen Ösen: 2 KP
	Innenrand:	6 KP, Leinenschlagbändchen mit Ganzschlagrand	
	Außenrand:	Rand und Blatt in der Mitte:	5 KP + 1 Konturfadenpaar, Leinenschlag
		Rand und Ecke:	6 KP Leinenschlagbändchen mit Ganzschlagrand
	Kreise:	Leinenschlagbändchen mit 5 KP	
		Füllung:	2 KP für Formschlag Karo

Längere Verbindungen zwischen den einzelnen Elementen und Verzierungen werden mit falschen Flechtern durchgeführt. Zentral unter Blattmotiv ist eine 6-teilige Blüte aus Flechtern mit gezogenen Ösen.

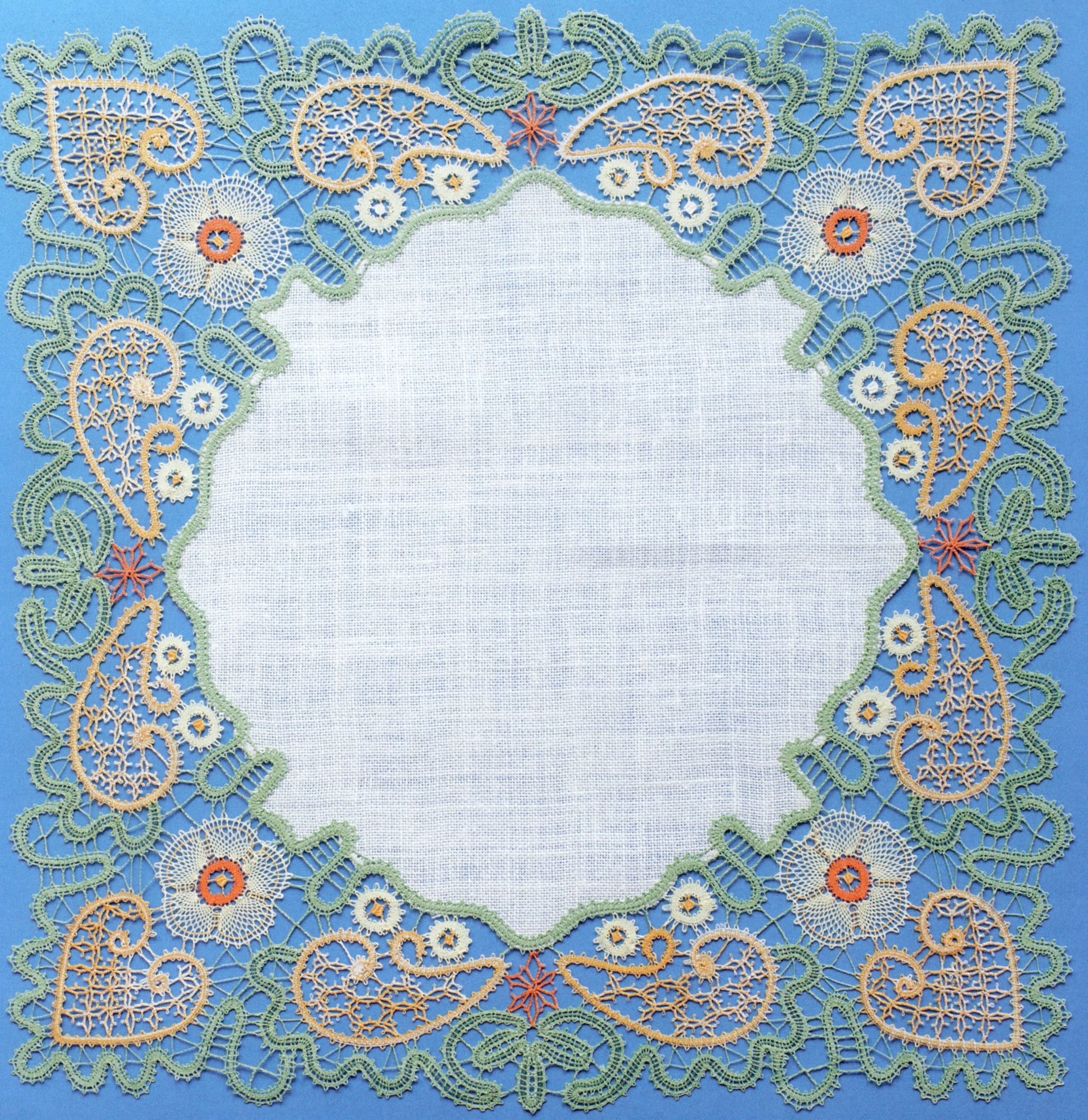

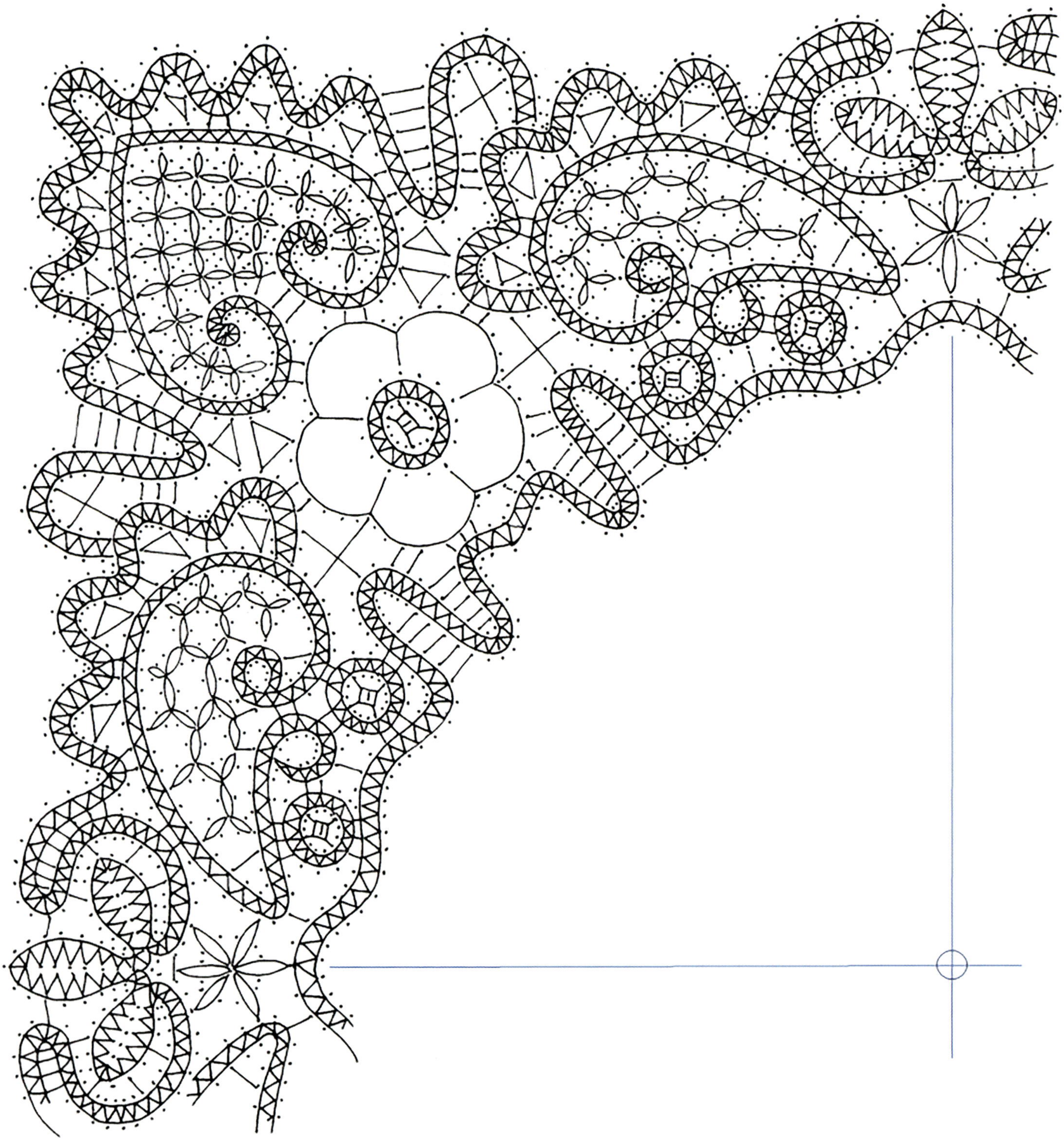

Darstellung: 90 %
bzw. 10 % vom Original verkleinert

BLÜTE

Kein Laufpaarwechsel von einem Blütenblatt zum anderen

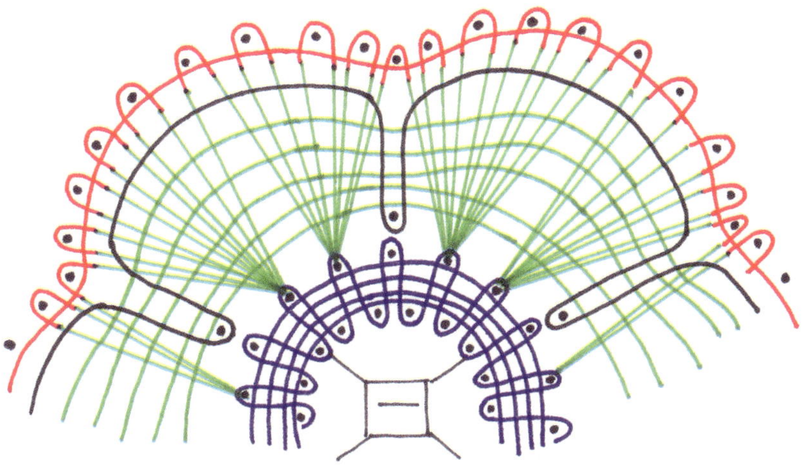

KRULBEWEGUNG FÜR ENGE RUNDUNGEN

Vor dem letzten Risspaar wird das Laufpaar zweimal gedreht und über dieses Risspaar und um die Nadel im Nadelpunkt gelegt. Dann führt man das Laufpaar unter dem Risspaar durch und arbeitet im Leinenschlag weiter. Das wird sooft wiederholt, wie es dem Klöppelbrief entspricht.

NADELPUNKT FÜR KRULBEWEGUNG

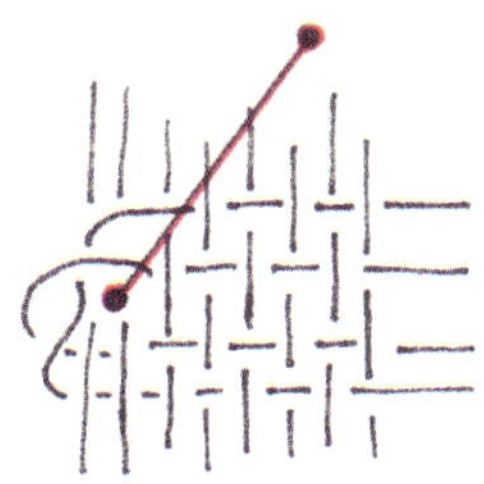

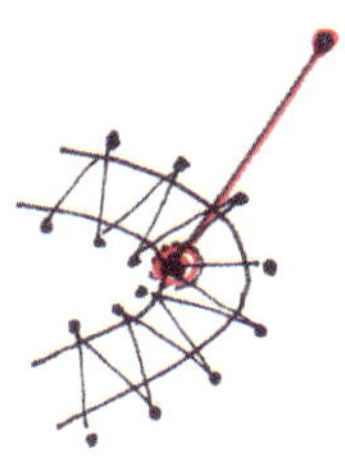

Nach dem nächsten Nadelpunkt wird die Krulnadel entfernt und die Rundung in Form gezogen.

DIE LOCKE

Anfang

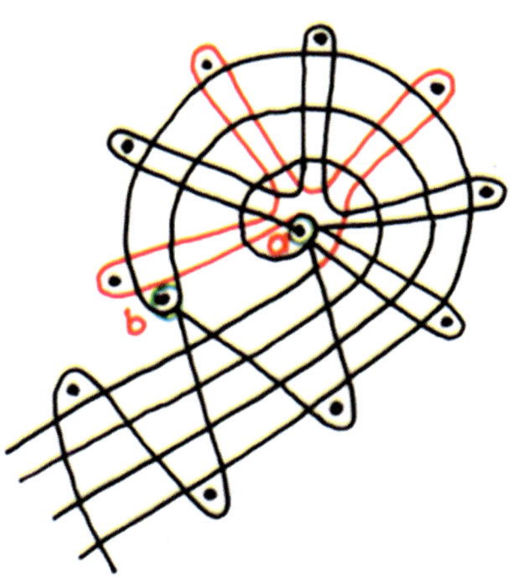

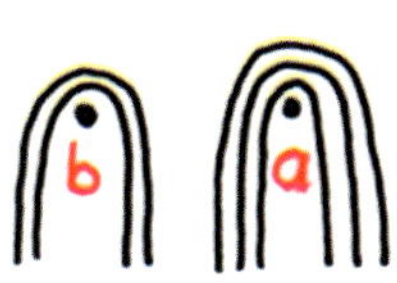

Ende

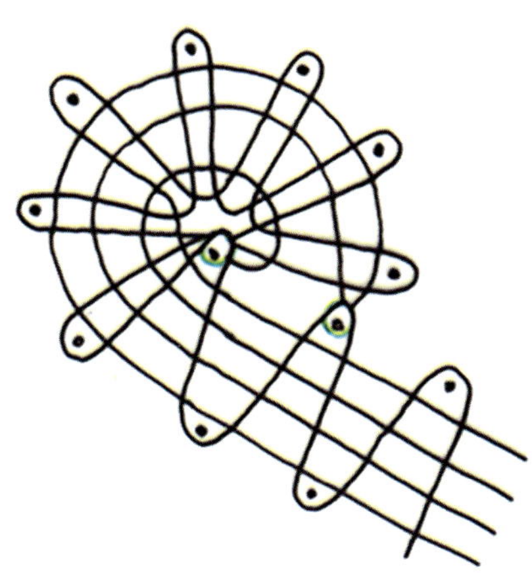

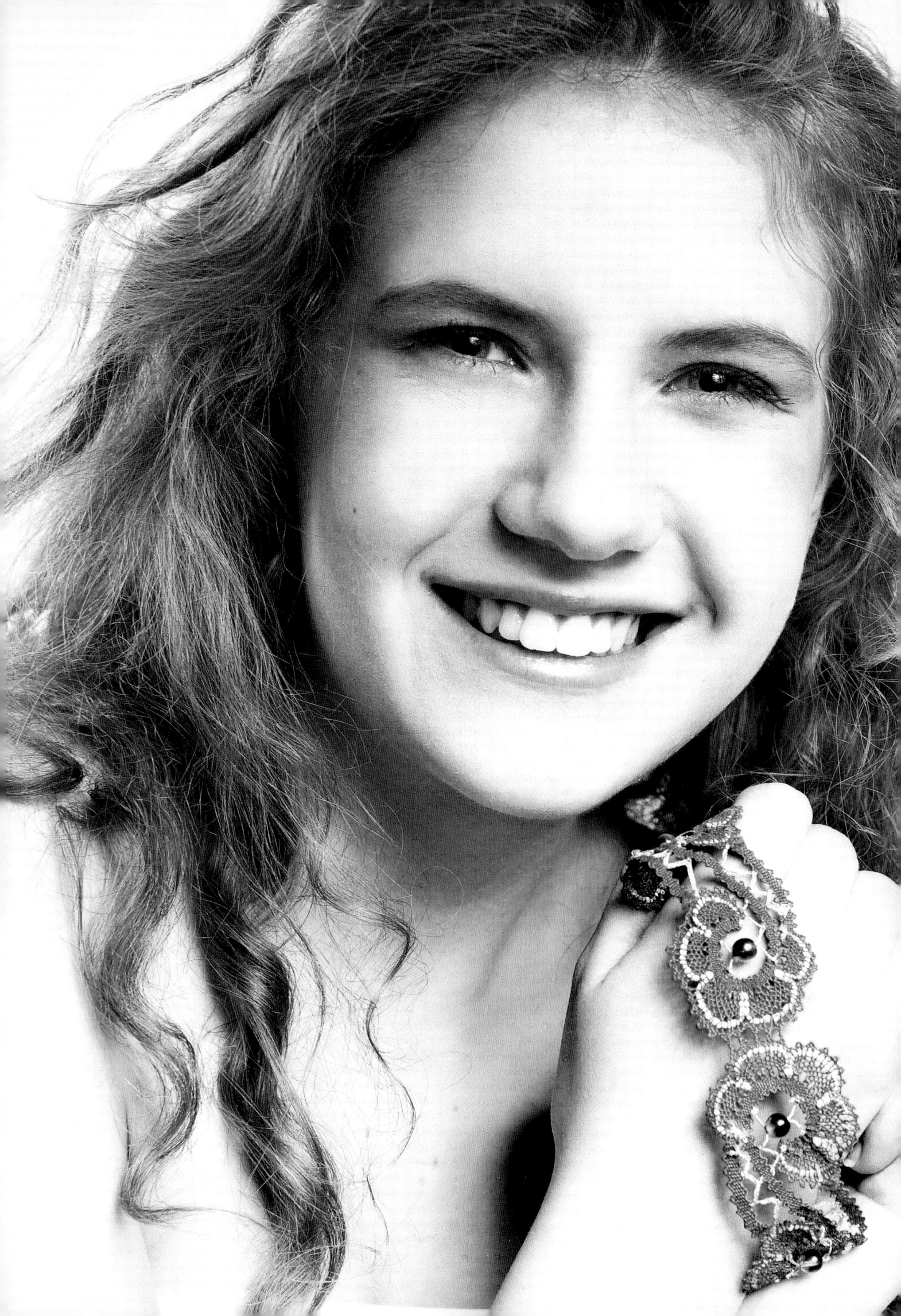

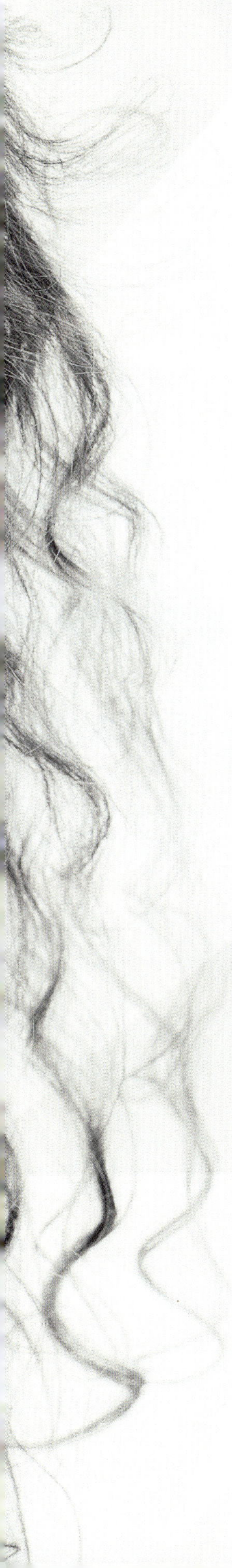

SCHMUCK

Jewelry
Bijoux
Gioelli

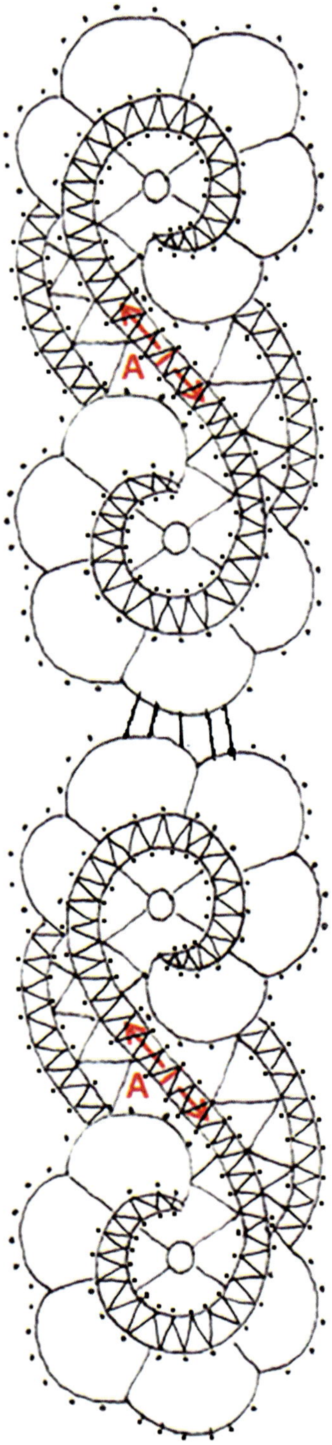

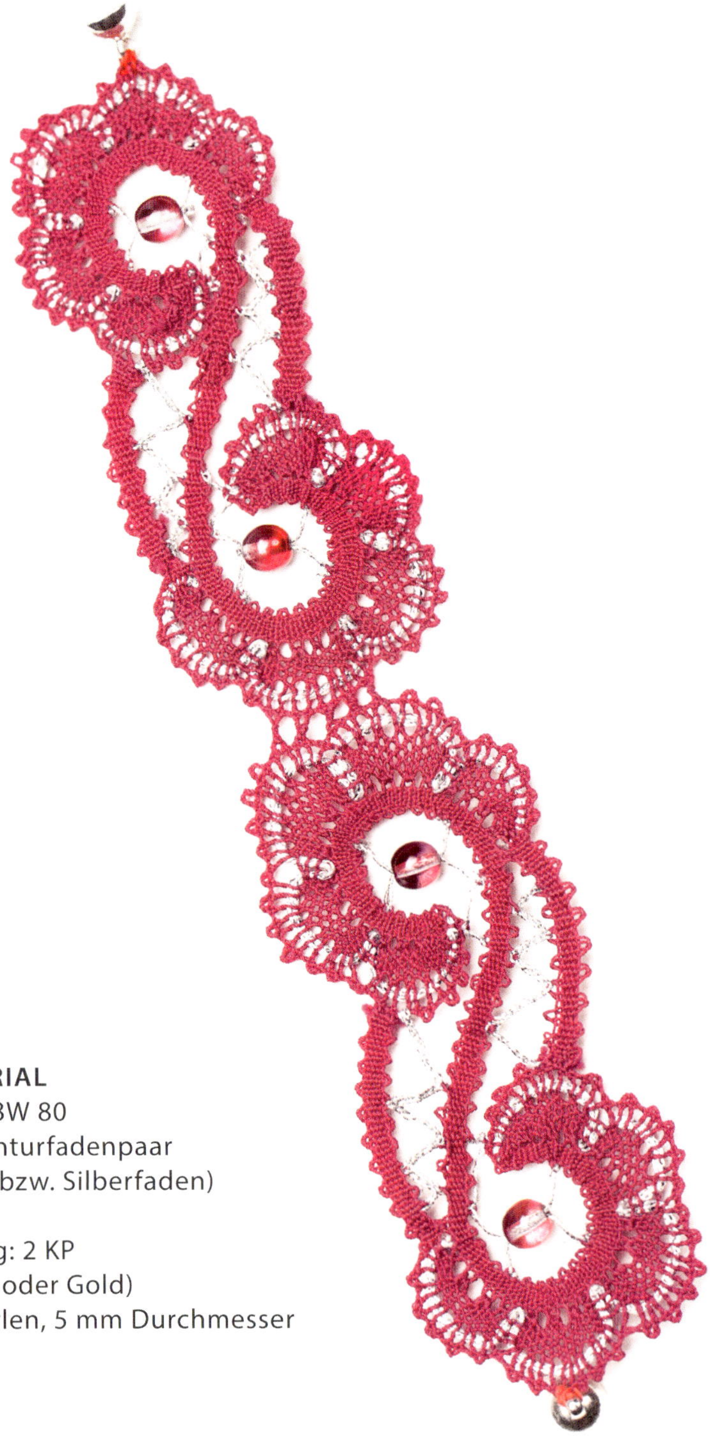

MATERIAL
12 KP BW 80
+ 1 Konturfadenpaar
(Gold- bzw. Silberfaden)

Füllung: 2 KP
(Silber oder Gold)
+ 4 Perlen, 5 mm Durchmesser

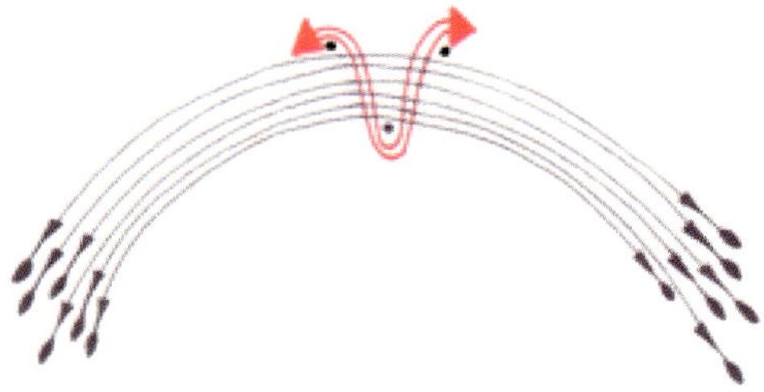

Es werden so viele KP quer über die Arbeit gelegt wie Risspaare notwendig sind. Die Anzahl muss gerade sein. Zwei weitere KP werden mit einer Nadel beigesteckt. Das rechte KP geht im Leinenschlag durch alle Risspaare (siehe Abbildung), wird um eine Nadel geführt und erneut im Leinenschlag zum Außenrand geklöppelt. Damit erhält man ein Laufpaar nach jeder Seite hin.

OHRGEHÄNGE 1 UND 2

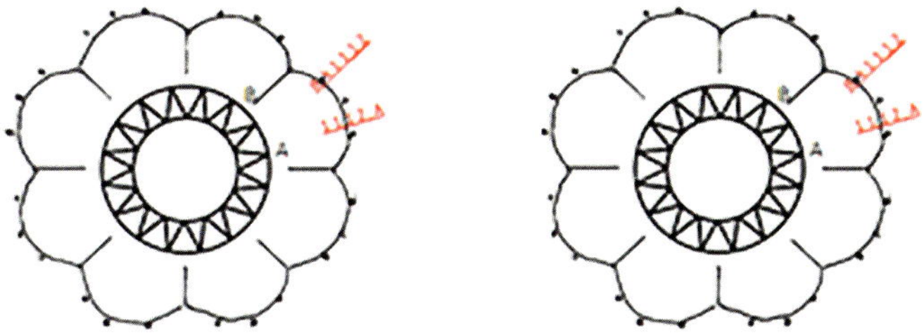

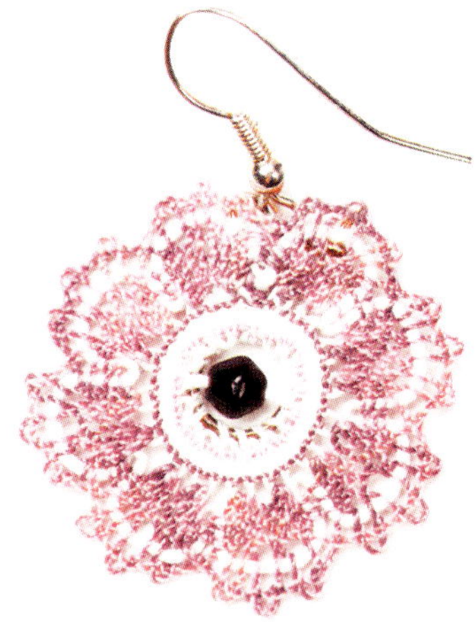

OHRGEHÄNGE 1

MATERIAL

BW 80 (Farben frei wählbar)
1 Konturfadenpaar Perlgarn 8
1 Perle (Farbe und Form frei wählbar)
2 Ohrhaken

AUSFÜHRUNG

Innenring:	5 KP Leinenschlag
Blütenblätter:	4 KP Halbschlag
	1 Konturfadenpaar
	1 KP Ganzschlag (Außenrand)

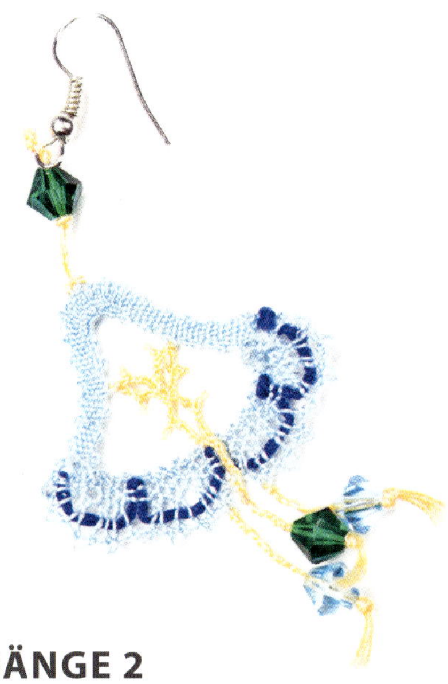

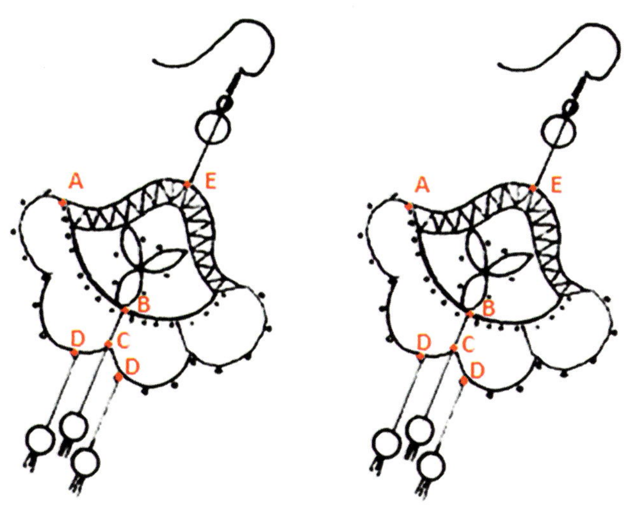

OHRGEHÄNGE 2

MATERIAL

BW 80 (Farben frei wählbar)
Konturfadenpaar Perlgarn 8
4 Perlen (Farbe und Form frei wählbar)
2 Ohrhaken

AUSFÜHRUNG

A Mit dem Leinenbogen (5 KP) beginnen, mit den Blütenblättern (5 KP) enden.
B Füllung (2 KP): Flechter mit Ösen
C Den Flechter von B weiterführen, Perle einfügen und abknoten.
D Rechts und links 2 KP einhängen, je 1 cm Flechter klöppeln, eine Perle durchziehen und abknoten.
E Am Leinenbogen 2 KP anhängen, einen Flechter von circa 0,5 cm klöppeln, Perle durchziehen und den Ohrhaken annähen.

MATERIAL

40 KP
BW 80 weinrot, violett und grün
1 Konturfadenpaar Perlgarn Nr. 8 grün
Perlen in verschiedenen Größen

AUSFÜHRUNG

A Mit 6 KP + 1 Konturfadenpaar beginnen und bis B klöppeln (Blätter, Halbblüten, langen Steg).
C 6 KP + 1 Konturfadenpaar neu anstecken und bis D klöppeln, abschließen.
E Mit 6 KP + 1 Konturfadenpaar neu beginnen und bis F klöppeln, beenden.
G Mit 3 KP + 1 Konturfadenpaar beginnen, 3 weitere KP aufnehmen und bis H klöppeln. Vor dem Ende die 3 KP hinauslegen und abknüpfen (siehe Anhang 1).
I Perlen einfügen (siehe Anhang 4).
J 34 KP für Flechter-Füllung (Sternchen-Verbindung).
K Tropfen und Perle annähen.

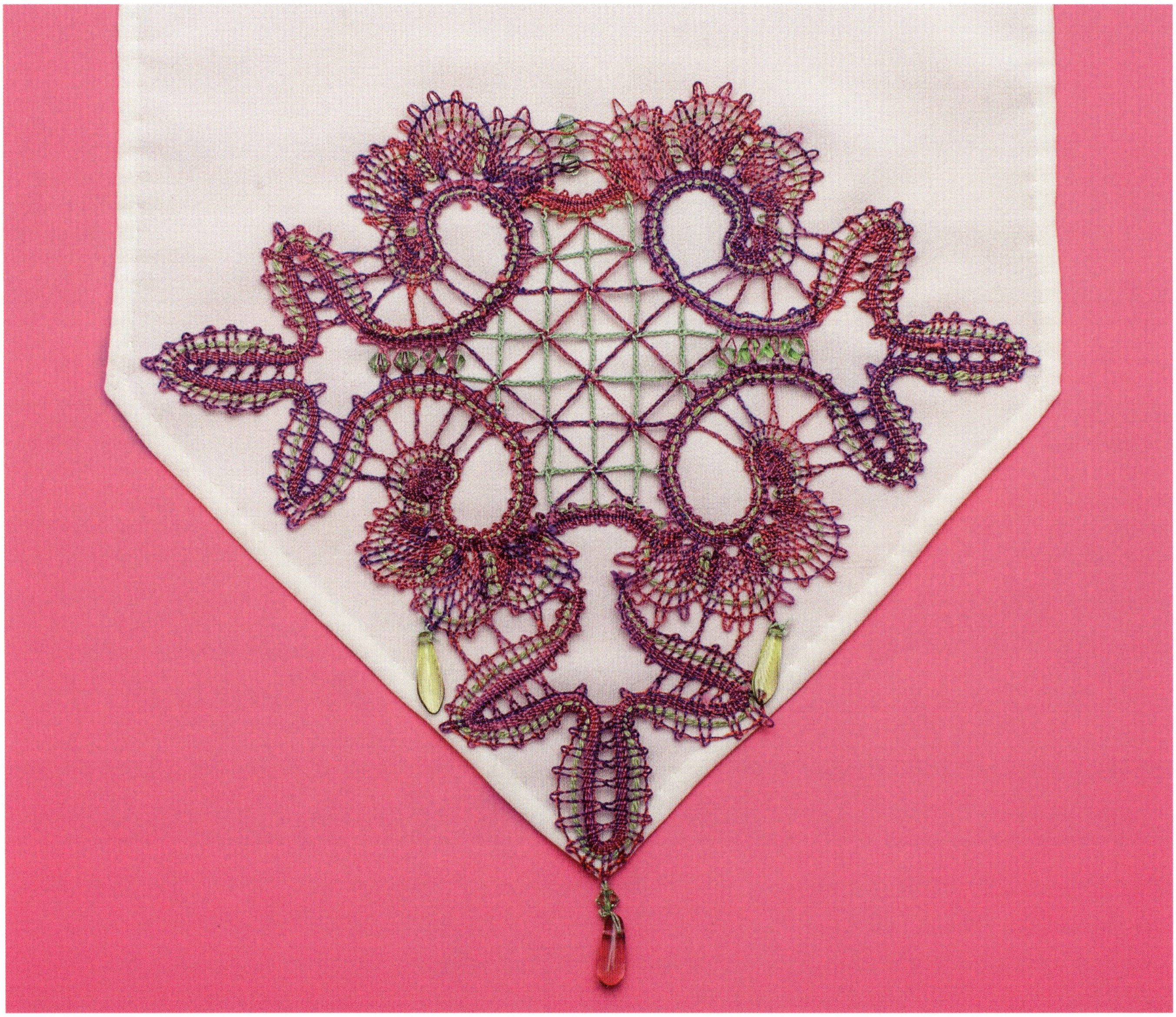

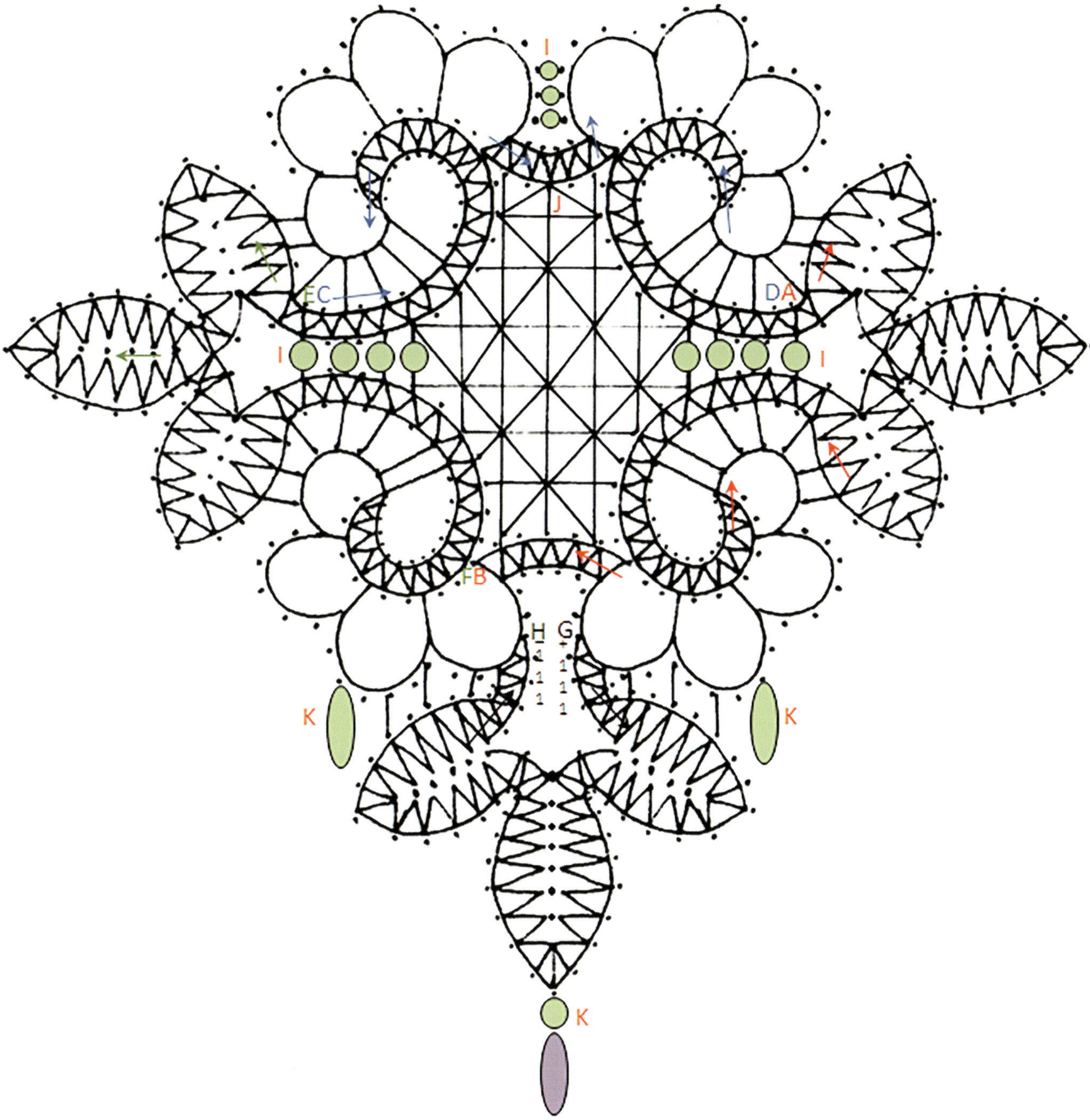
I
J
EC
DA
I
I
FB
H
G
K
K
K

MATERIAL

BW 80 ecru, hellgrün, dunkelgrün, gelb, Glitzergarn weinrot und dunkelgrün
Perlen in verschiedenen Größen

AUSFÜHRUNG

A	Ring: 6 KP
B	Mit 2 KP beginnen, weitere 4 KP aufnehmen
C	Halbschlag
D	Konturfaden einlegen
E	Konturfaden hinauslegen
F	Im Leinenschlag weiter arbeiten, mit 2 KP enden
G, H	Blätter: 6 KP
I	Bogen: 6 KP
J	Dreiblätter-Motiv: 6 KP; Mitte: Flechter mit Perlen

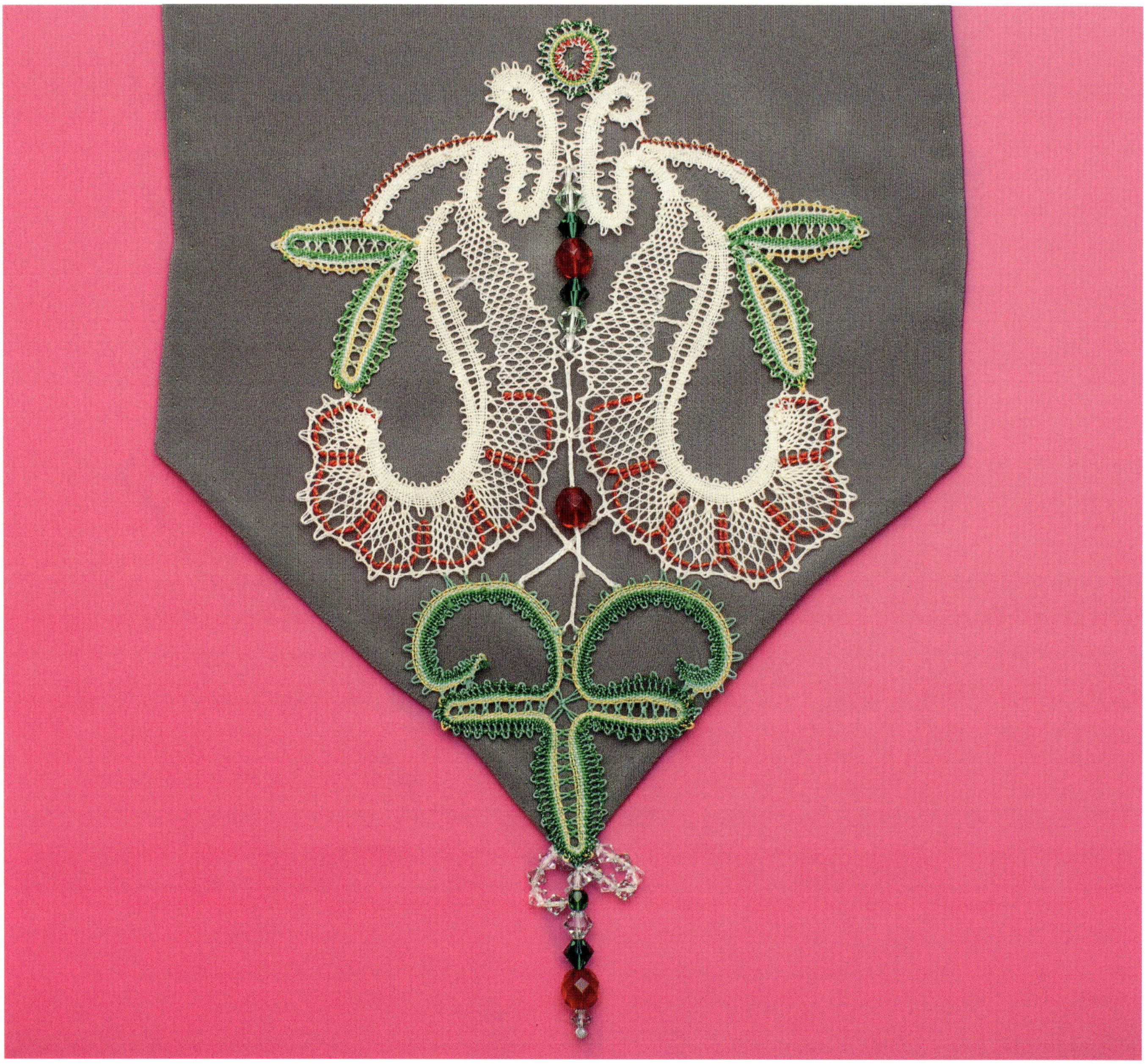

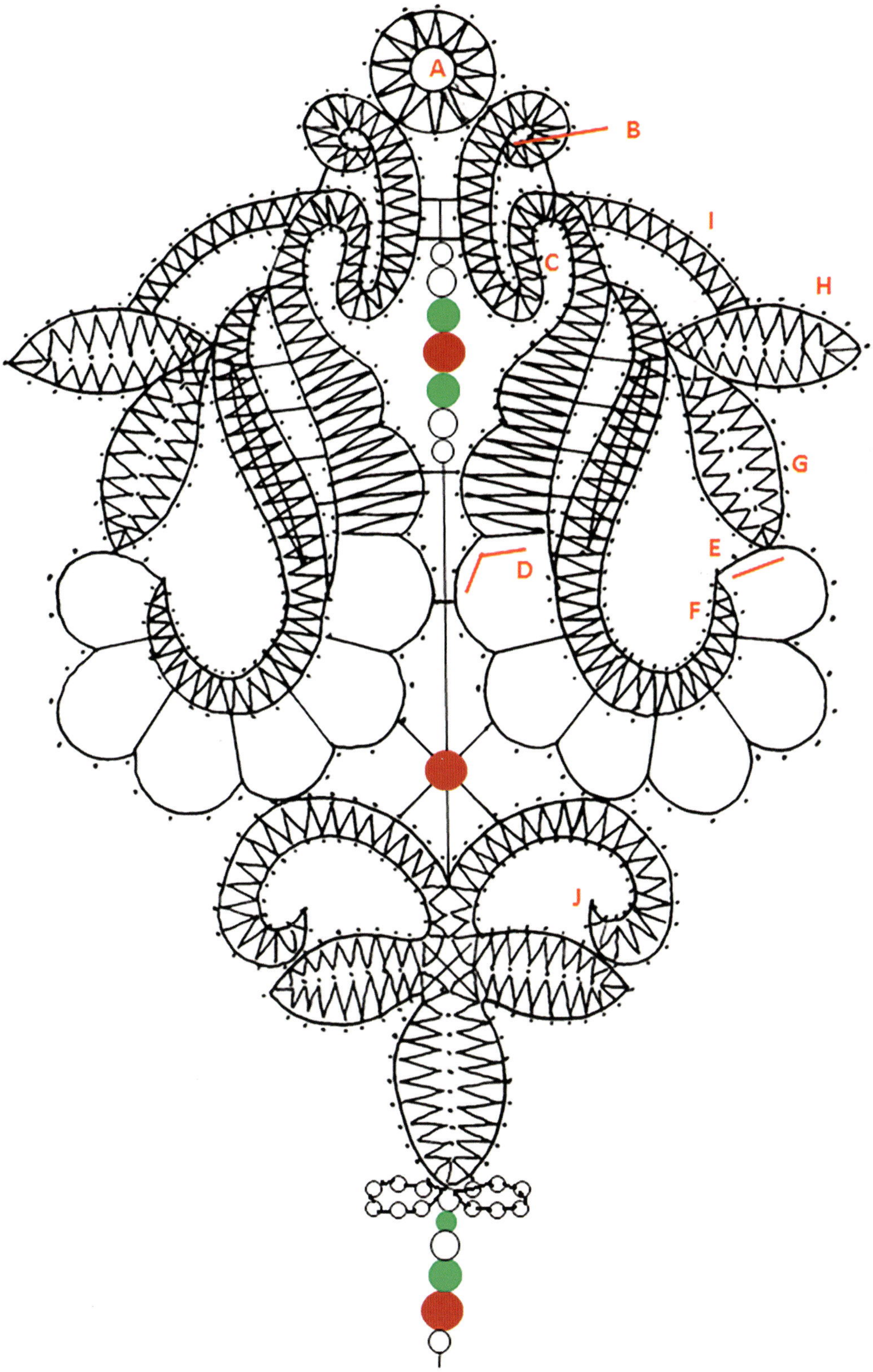
A
B
C
I
H
G
E
D
F
J

KROPFBAND MIT GRAZER BLUME

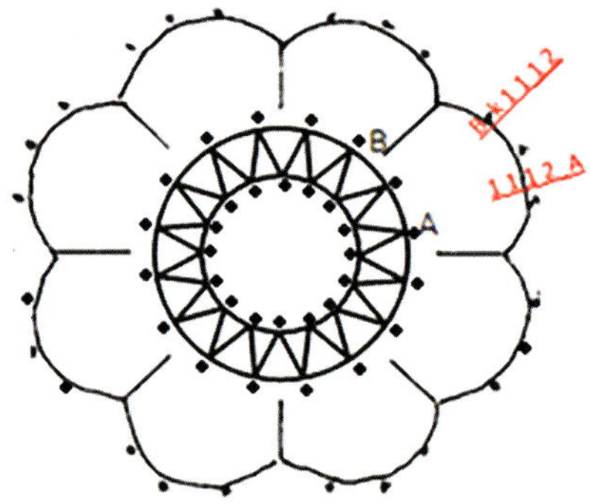

MATERIAL

BW 80, gold DMC 282 (Farben frei wählbar)
1 Konturfadenpaar Perlgarn 8 (Farbe frei wählbar)
Perle (Farbe und Form frei wählbar)
Samtband

AUSFÜHRUNG

Innenring:	5 KP Leinenschlag
Blütenblätter:	4 KP Halbschlag
	1 Konturfadenpaar
	1 KP Ganzschlag (Außenrand)

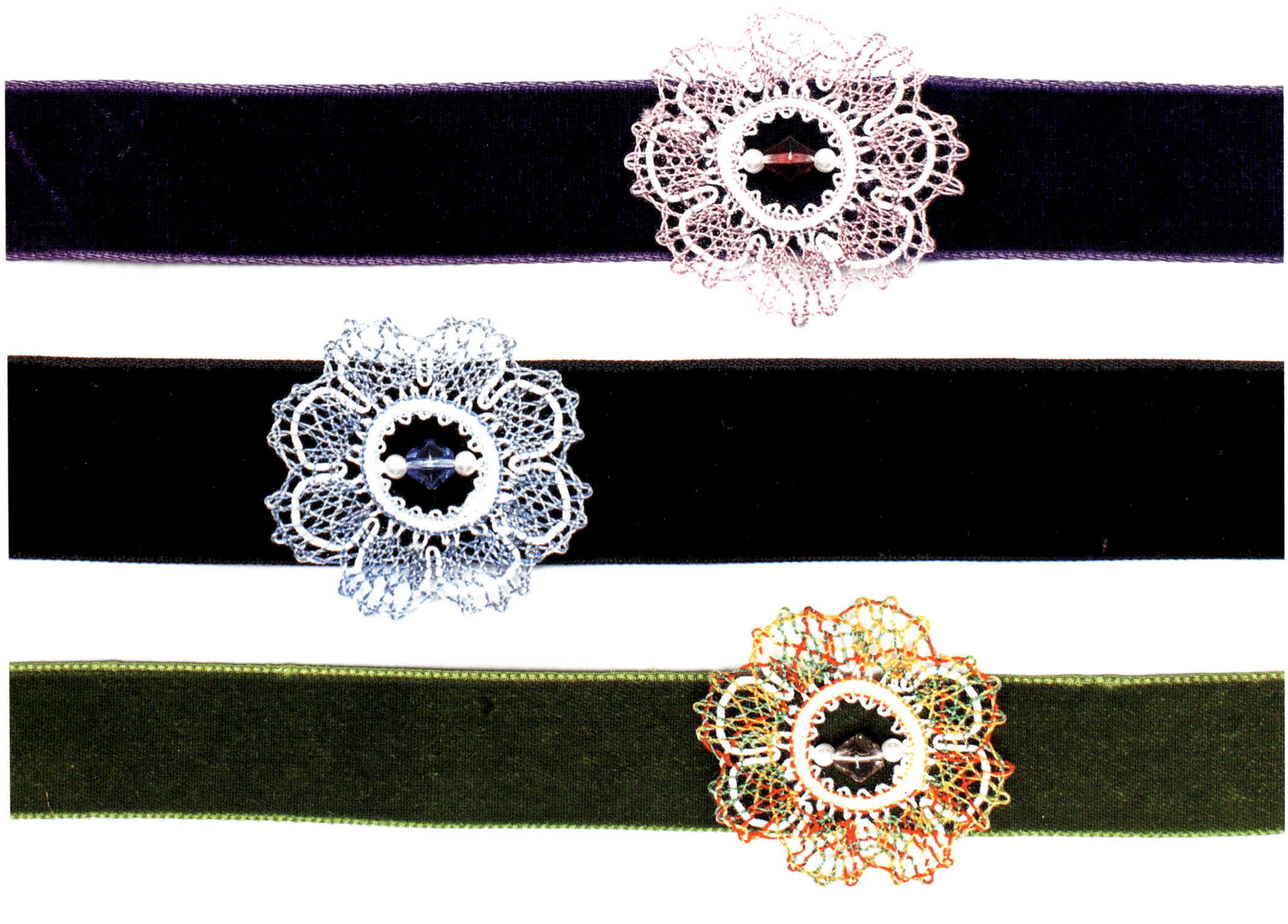

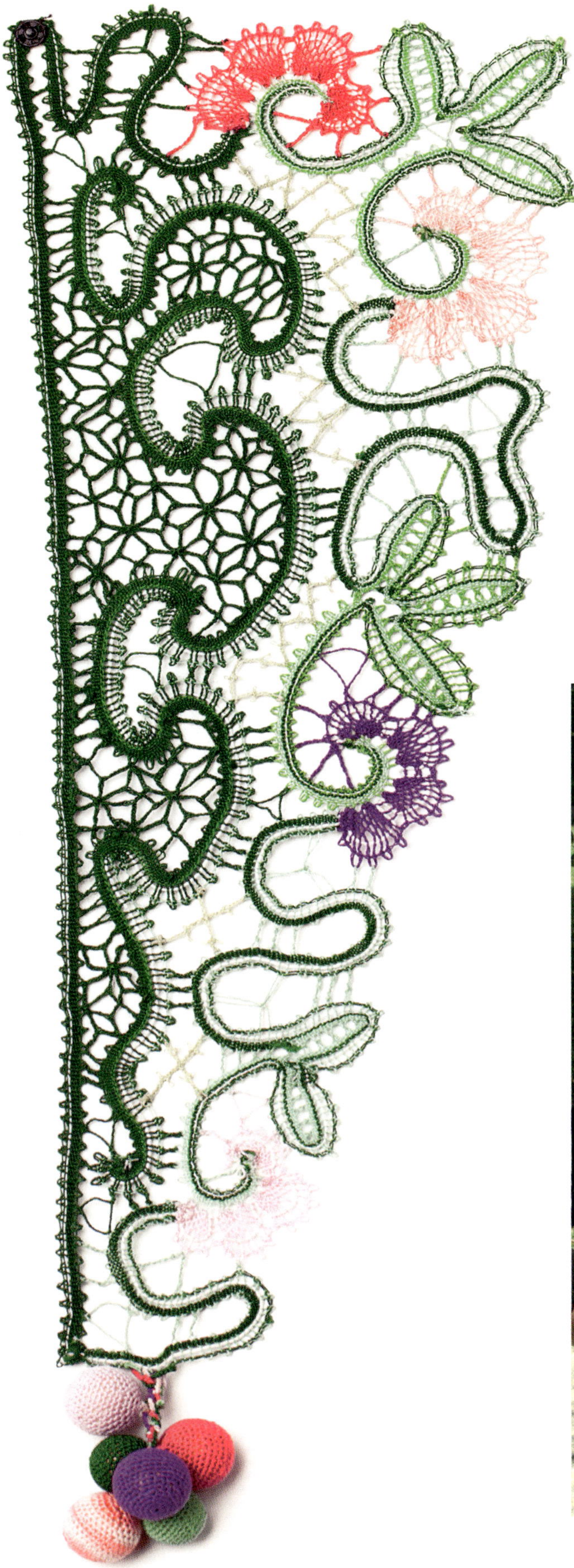

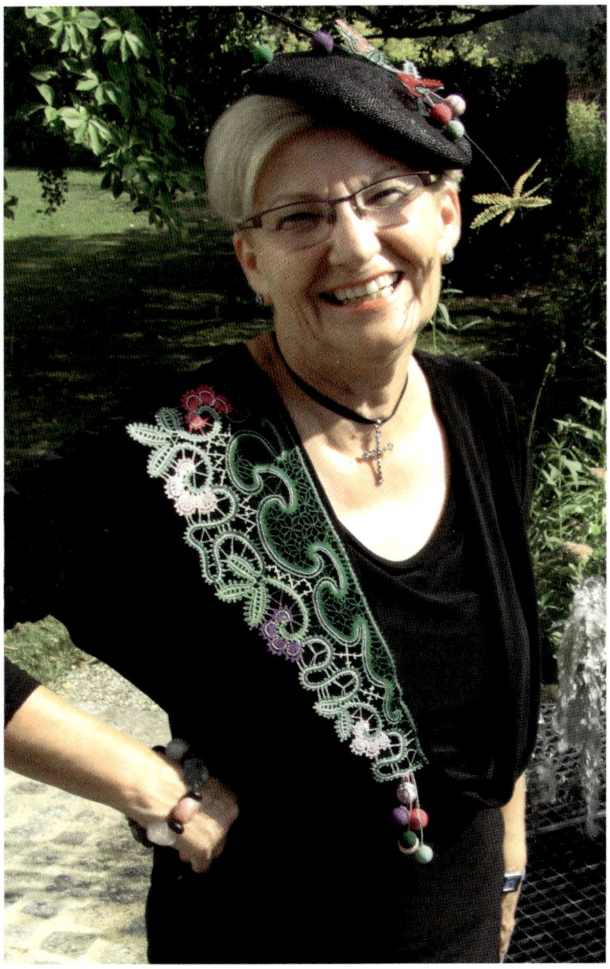

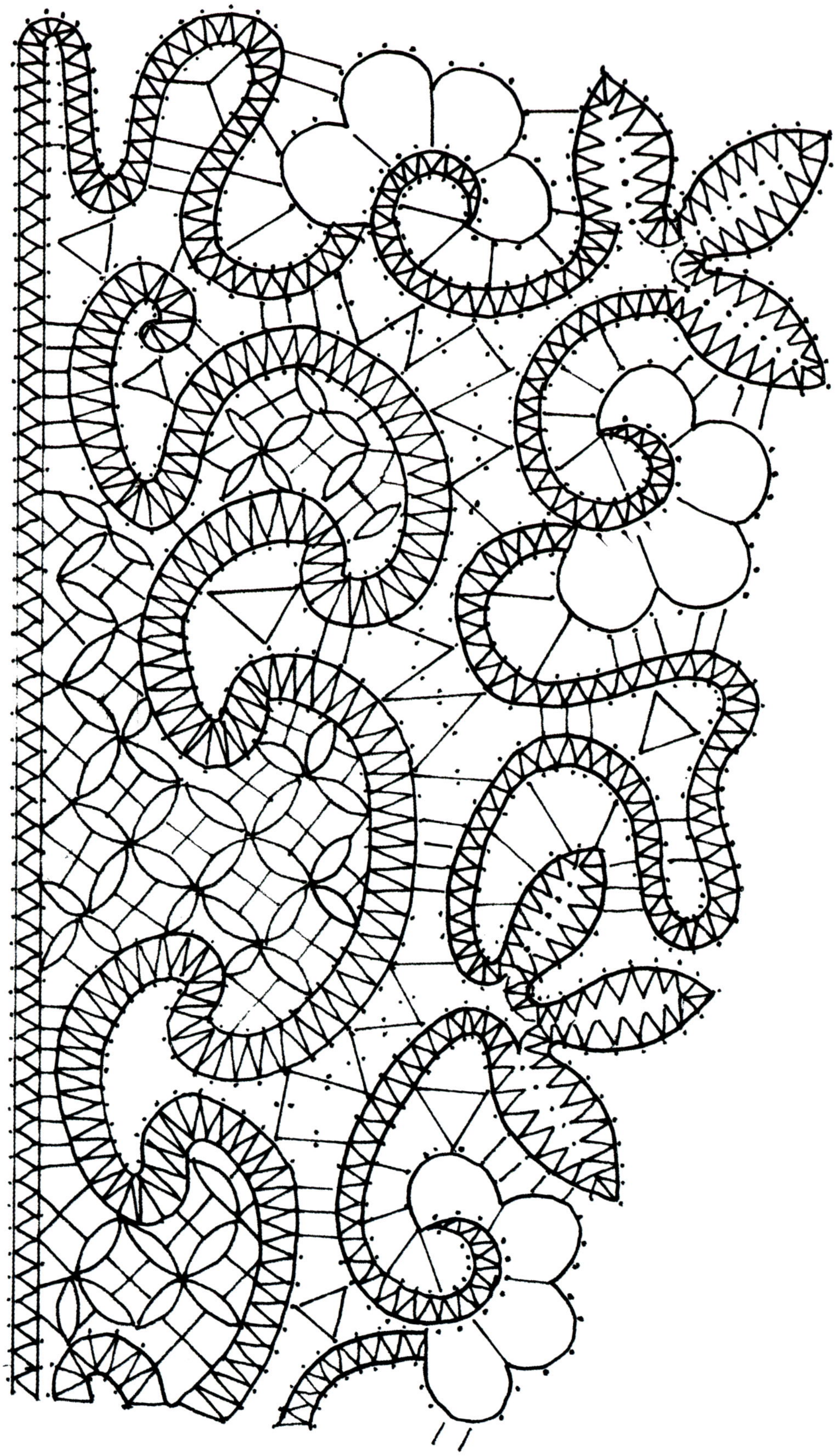

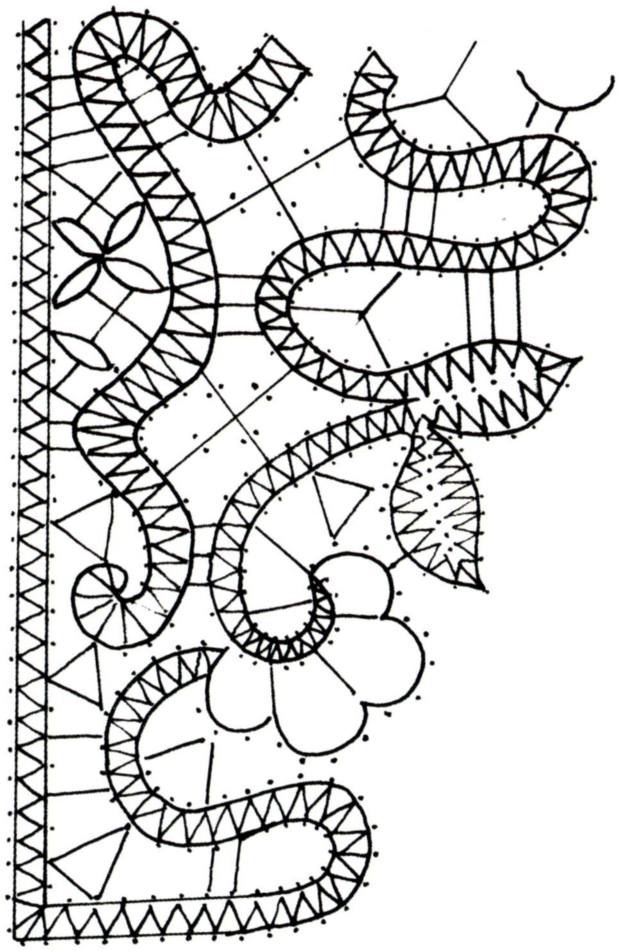

MATERIAL 5 KP, BW 80 rot, rosa, violett, lila, hellgrün, mittelgrün, dunkelgrün

AUSFÜHRUNG
Halbblüte der Grazer Spitze
Blätter der Grazer Spitze
Leinenband mit oder ohne Ganzschlagrand
Dreieck
Flechter mit Ösen
Falsche Flechter
Besondere Flechterfüllung mit Flechtern und falschen Flechtern
Extra: Holzkugeln mit festen Maschen umhäkeln.

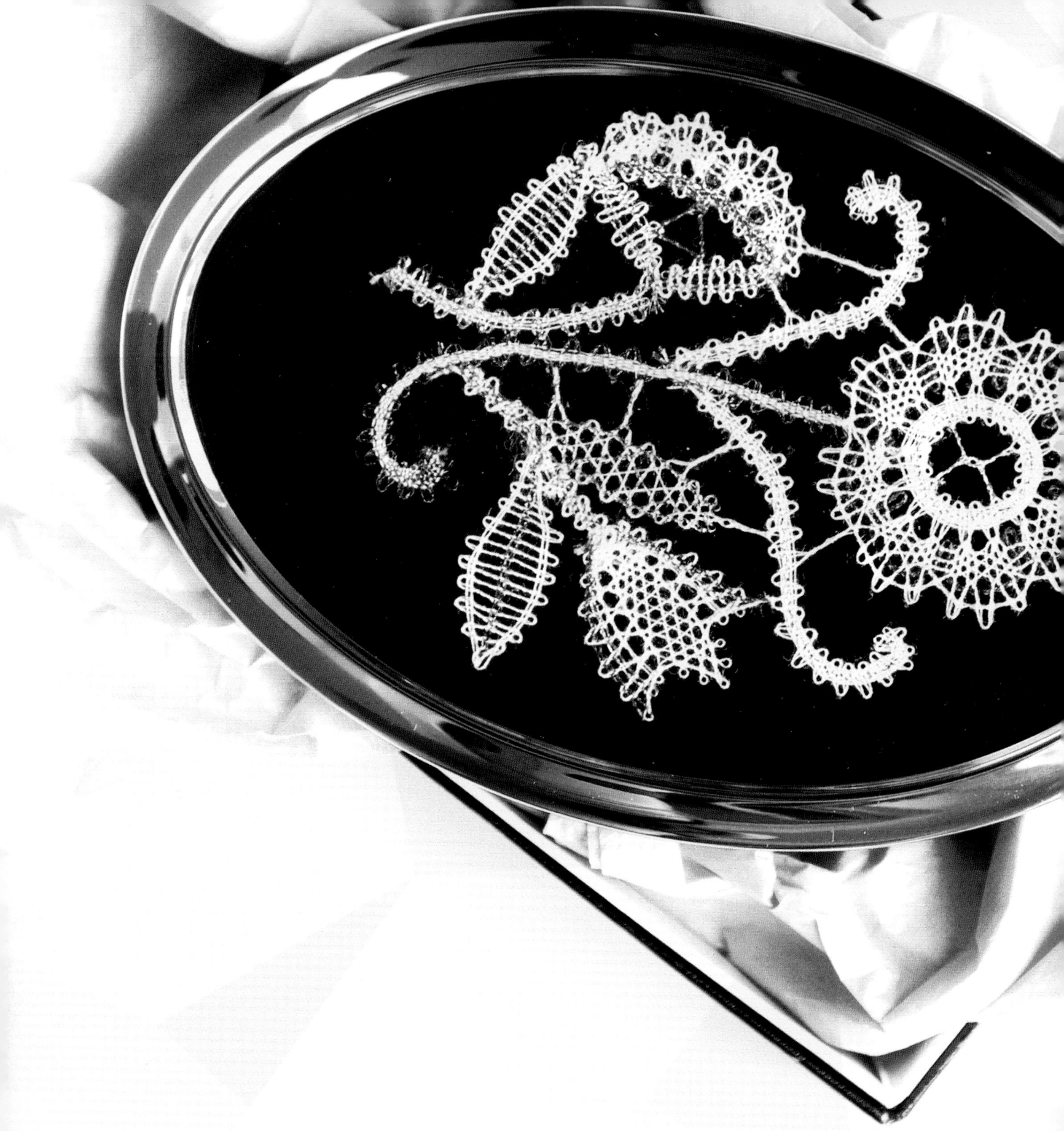

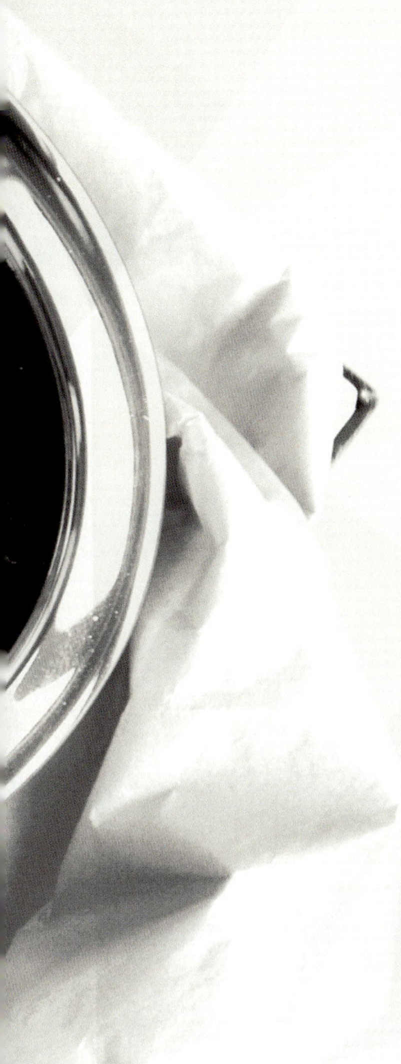

GESCHENKSIDEEN

gift idea
Idée de cadeux
idea di regalo

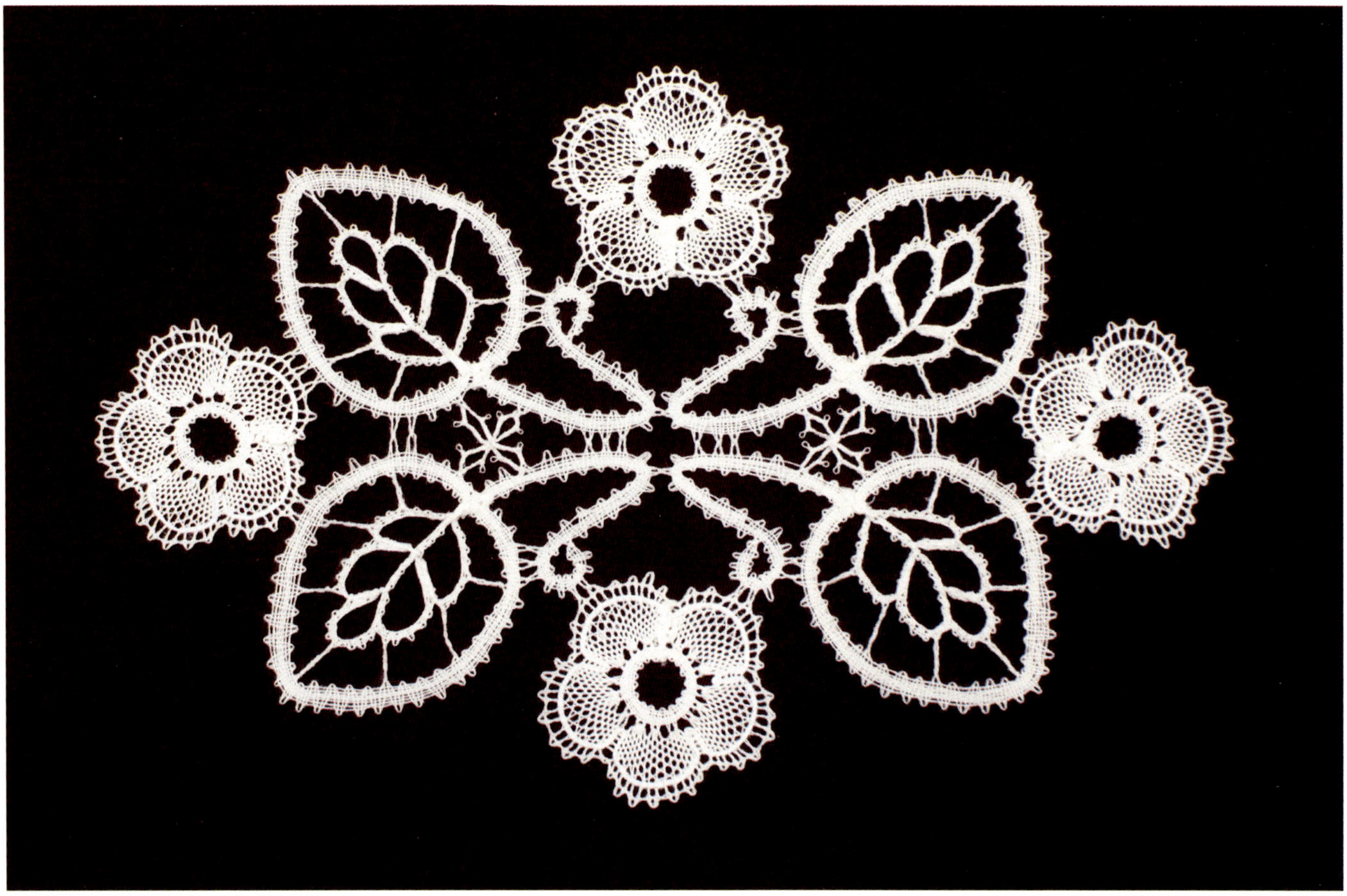

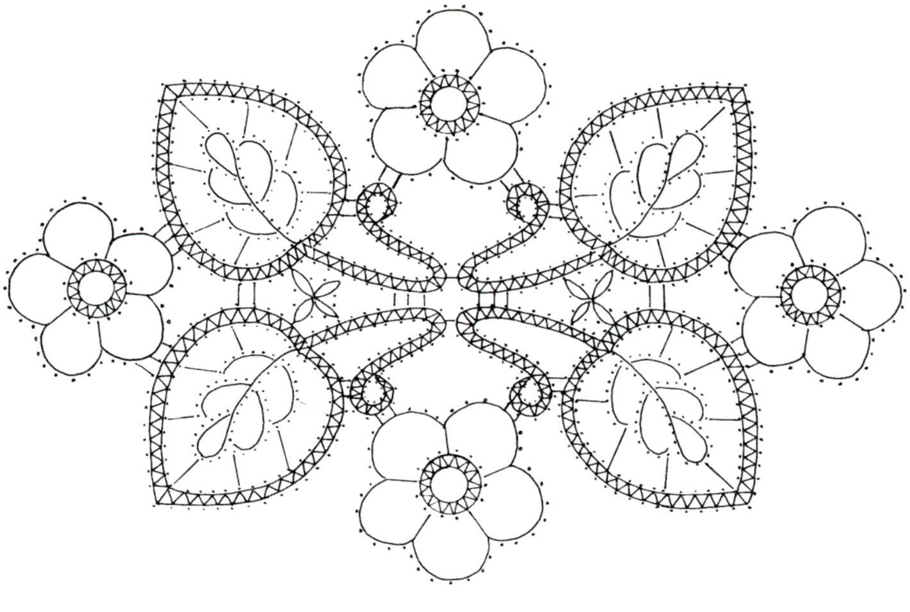

50 % vom Original verkleinert
Ägyptische BW 60

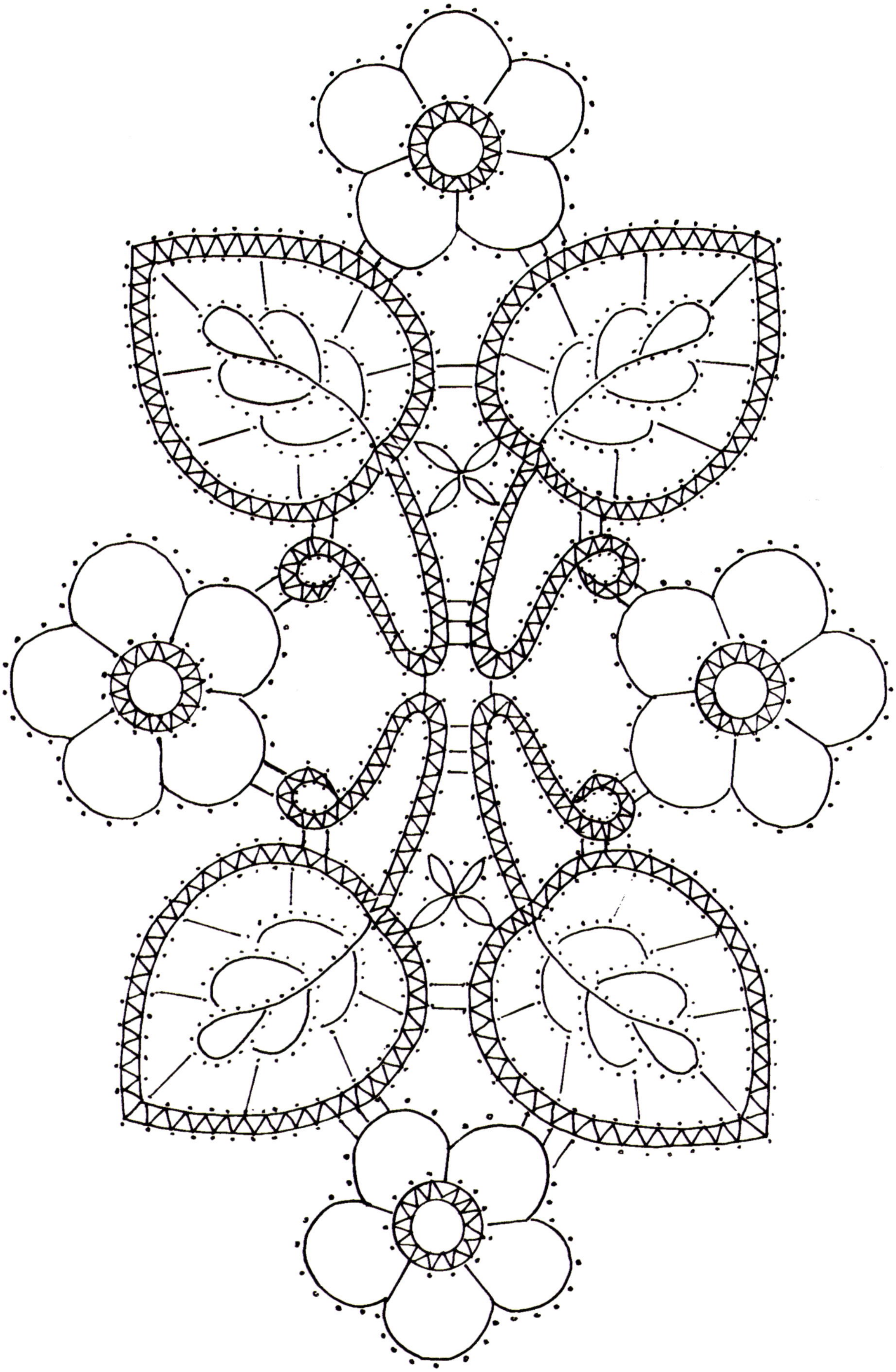

Großes Blatt

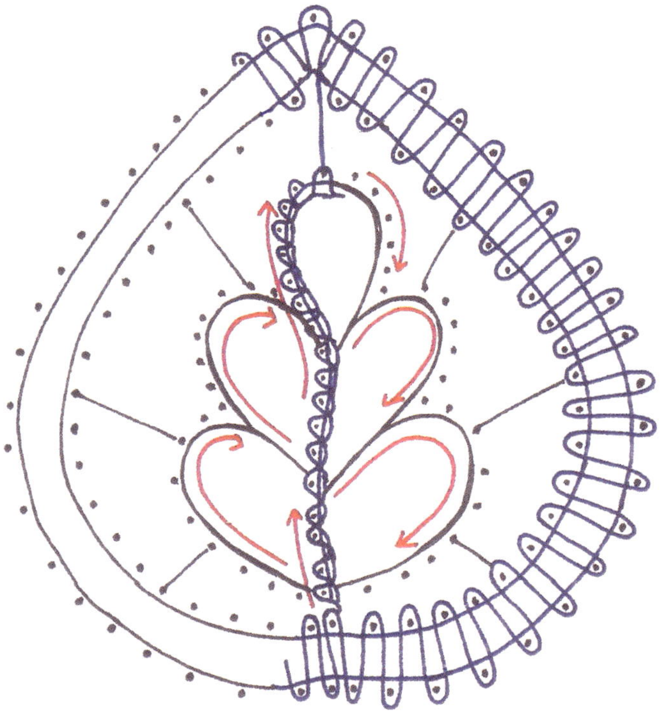

Flache Rippe

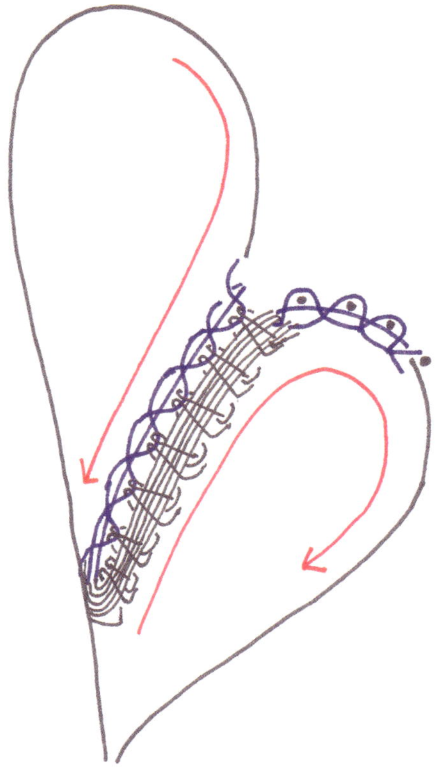

Rolle

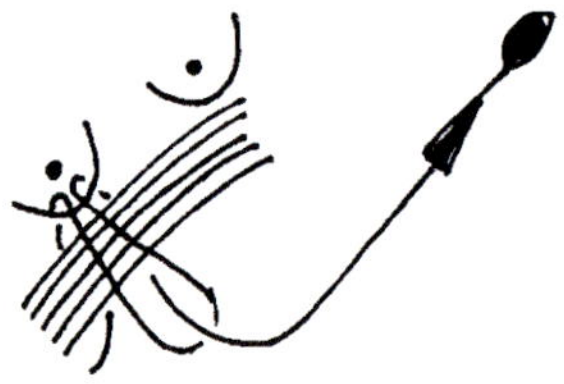

Flache Rippe ohne Drehung des Laufpaares

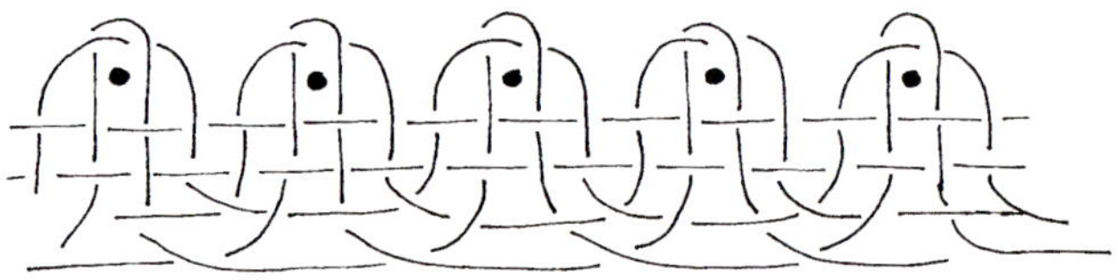

MATERIAL

BW 80 weiß
Konturfadenpaar Perlgarn 8 weiß

AUSFÜHRUNG

Blüte:	Innenring 5 KP
	Blütenblätter 6 KP + 1 Konturfadenpaar
Stängel:	5 KP
Großes Blatt:	6 KP
Innenblatt:	3 KP

Flechter mit Ösen werden erst beim Klöppeln des zweiten Blattes gearbeitet.

ALPENBLUME

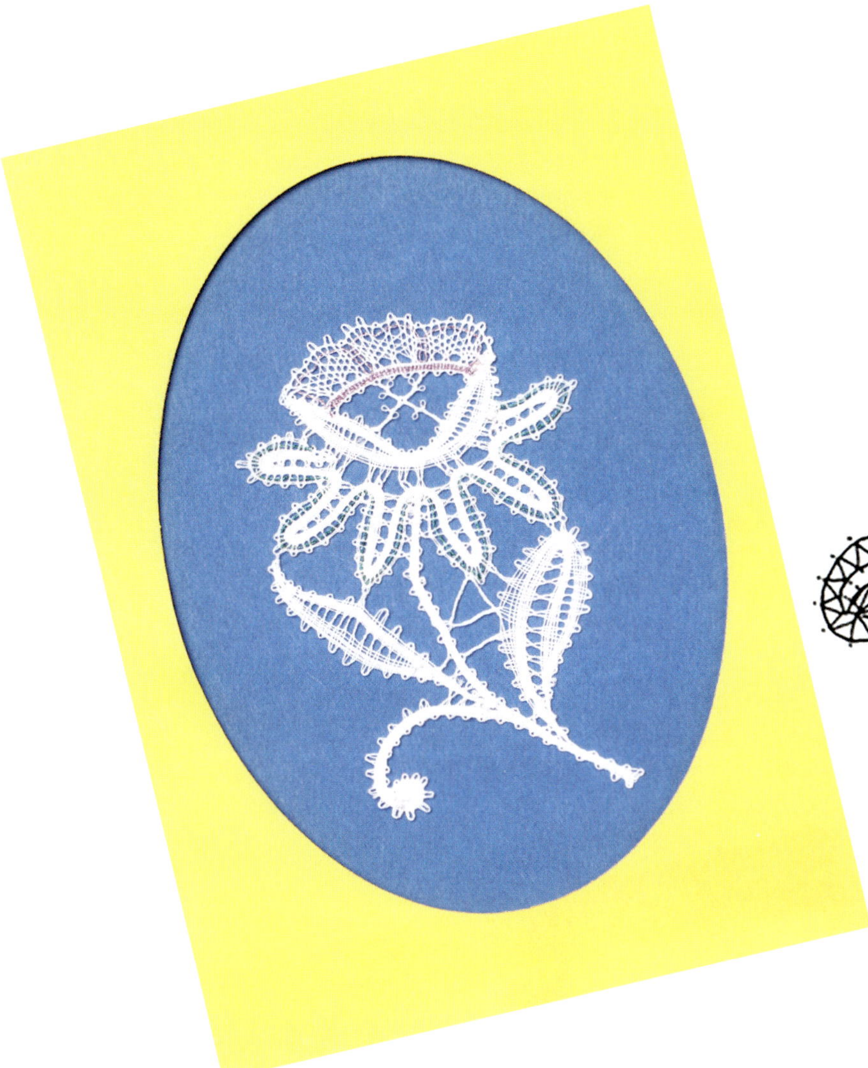

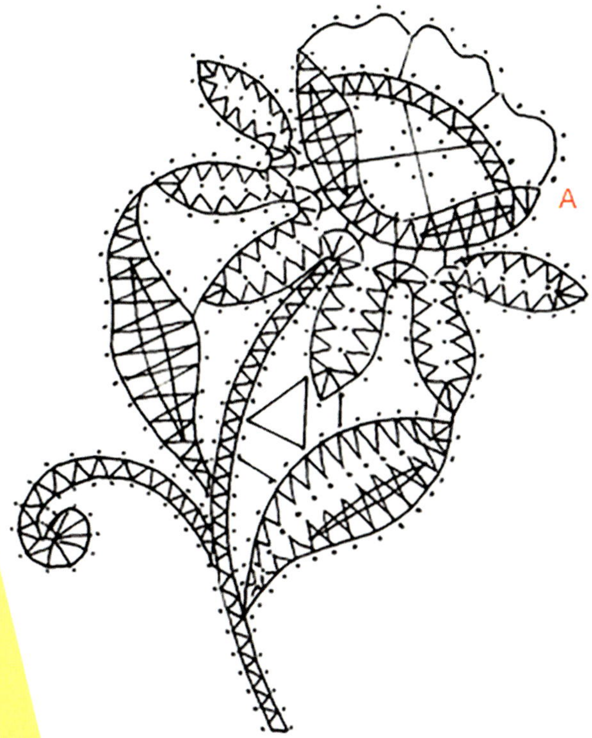

MATERIAL

Ägyptische Baumwolle 60 weiß
Glitzergarn Madeira Art. Nr. 8004 grün und violett

AUSFÜHRUNG

Blüte:	5 KP, A Beginn Blütenblätter 3 KP weiß, 2 KP Glitzergarn für das Leinenbändchen, 4 KP weiß mit 1 Konturfadenpaar für den Rest der Blüte.
Kelchblätter:	5 KP und 1 Glitzerkonturfadenpaar grün
Stängel:	5 KP
Blätter:	7 KP
Dreieck:	2 KP
Füllung mit Ösen:	2 KP

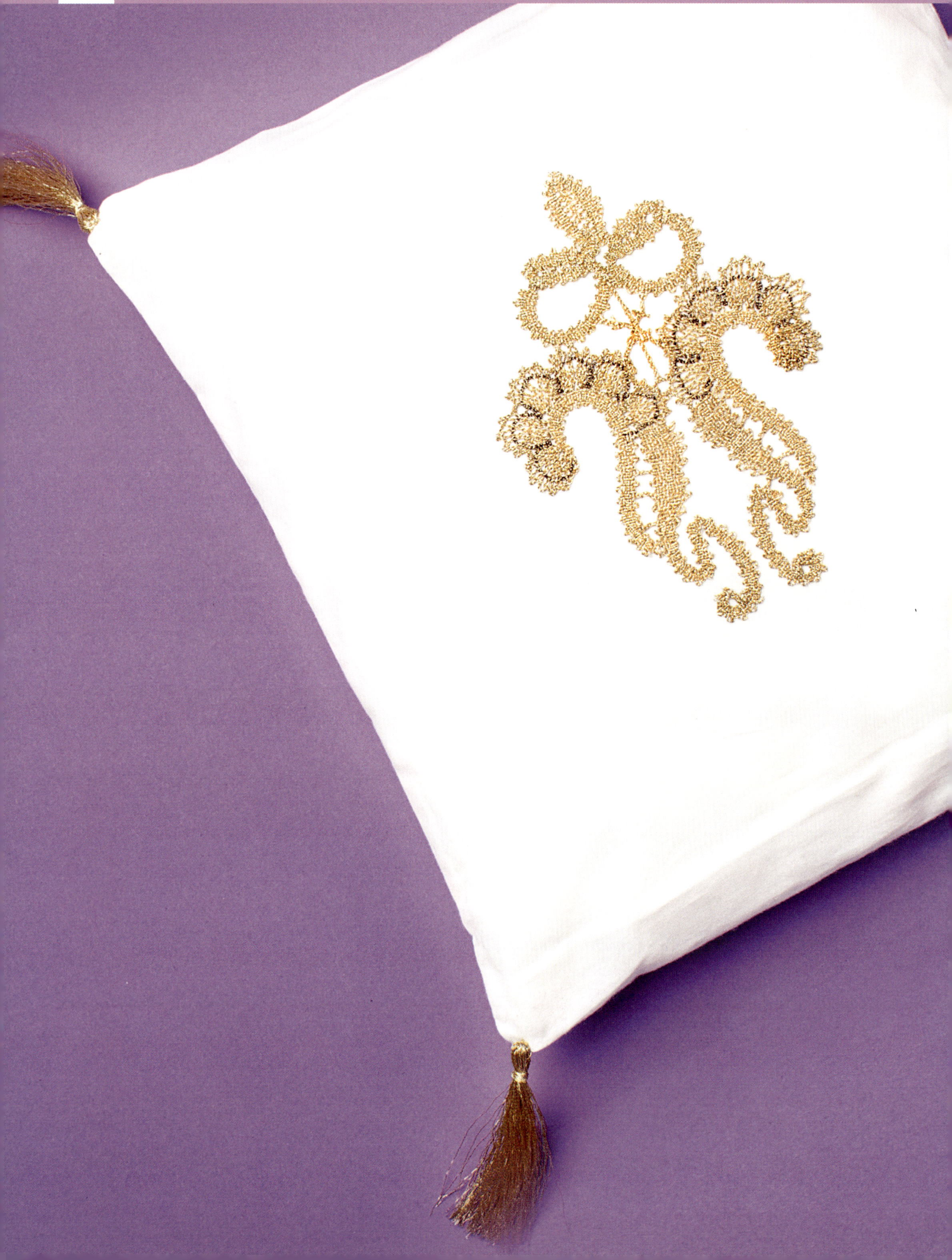

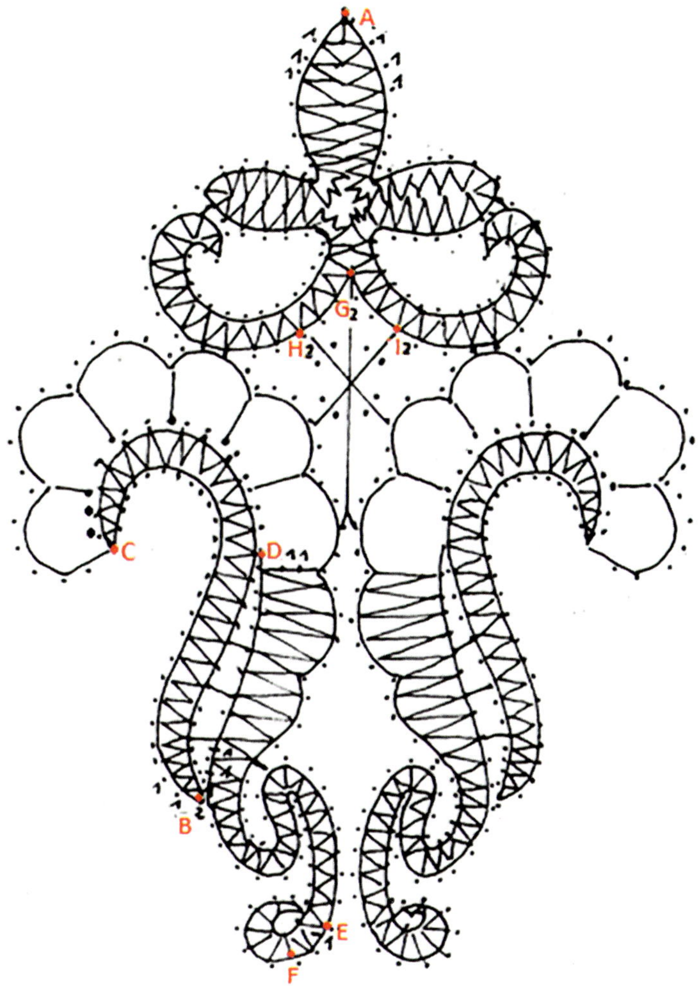

MATERIAL 14 KP, Gold DMC 282, 1 Konturfaden gold-schwarz

AUSFÜHRUNG

1. Man steckt bei **A** 2 KP an, schließt die Nadel mit einem Leinenschlag ein.
   Diese beiden KP werden für rechts und links die Laufpaare.
   Wie der Klöppelbrief zeigt, rechts und links 3 weitere KP aufnehmen.
   Oberes Motiv im Leinenschlag beenden
2. Bei **B** 2KP anstecken und 2 weitere KP aufnehmen, im Leinenschlag bis **C** klöppeln. Konturfaden einlegen und die 6 Rundungen im Halbschlag und außen im Ganzschlag arbeiten.
3. Bei **D** jeweils 2 x ein KP neu anstecken und mit den 6 KP im Leinenschlag weiterklöppeln, 3 x mit falschem Flechter verbinden. Ab dem dritten falschen Flechter 2 x 1 KP hinauslegen und im Leinenschlag bis **E** arbeiten, wieder 1 KP weglegen und bis **F** klöppeln.
4. Ab dem Punkt **F** wird das Laufpaar gedreht weggelegt und mit dem letzten Risspaar als Laufpaar weitergearbeitet. Dies 7 x wiederholen, mit 3 KP abschließen.
5. Bei **G**, **H** und **I** je 2 KP einhängen, die Flechter mit Ösen klöppeln. In der Mitte eine 6-paarige Verbindung arbeiten. Die Flechter beenden und abknüpfen.

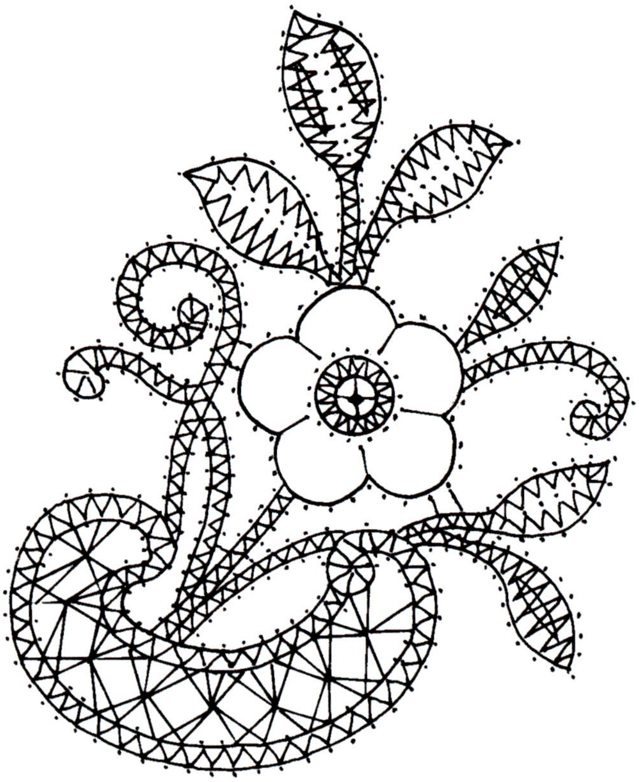

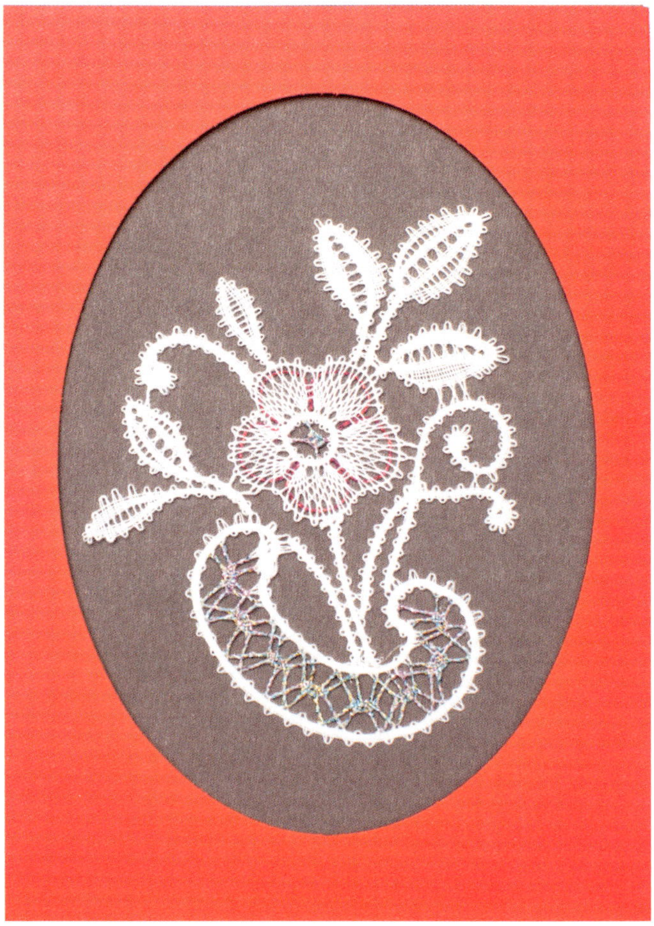

MATERIAL	Ägyptische BW 60 weiß Glitzergarn weinrot und meliert	
AUSFÜHRUNG	Blüte:	5 KP Innenring
	Blütenblätter:	5 KP, 1 Konturglitzerpaar
	Füllung:	Formschlag Karo, Glitzergarn
	Stängel:	4 KP
	Blätter:	7 KP
	Ranken:	4–5 KP
	Blütenkorb:	Rand 5 KP
	Füllung Spinne:	4 KP

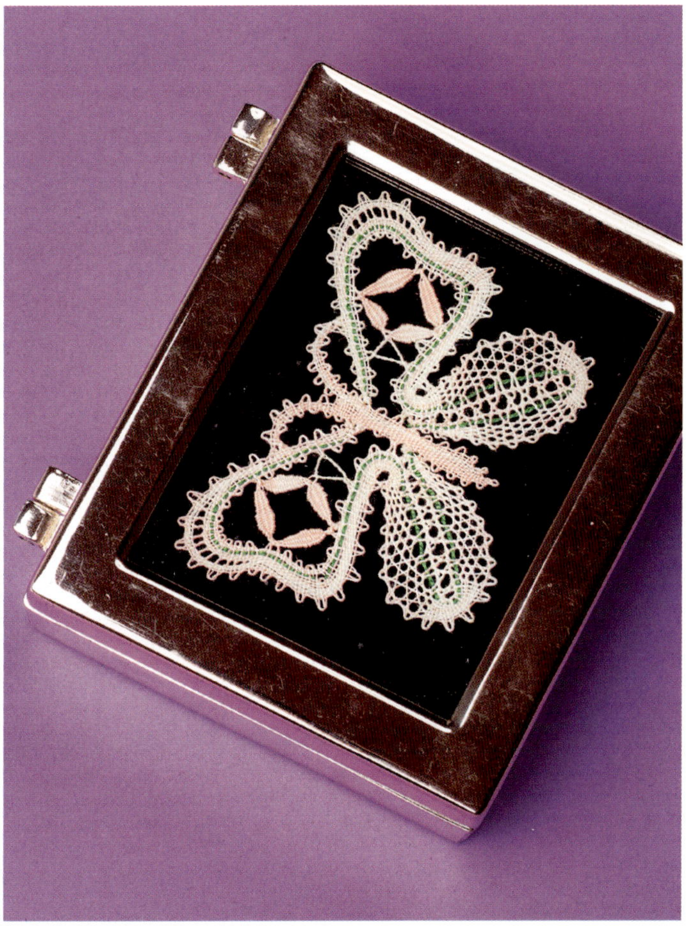

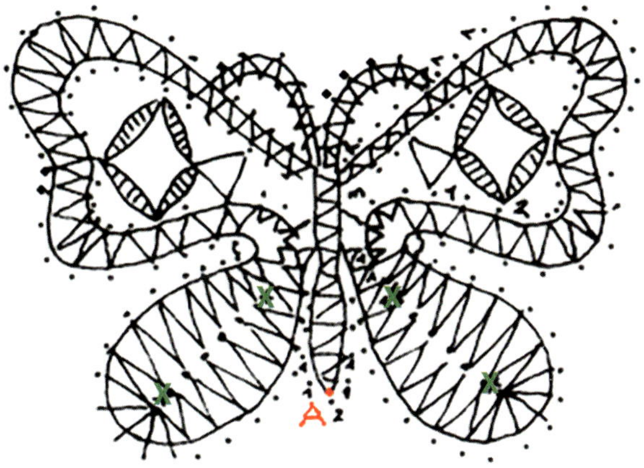

MATERIAL BW 80 rosa-grün meliert
Perlgarn 8 grün Konturfaden
12 KP + 1 Klöppel für Konturfaden

AUSFÜHRUNG

1. Man steckt bei **A** 2 KP an, nimmt weitere 4 KP auf (siehe Klöppelbrief) und arbeitet Körper und Fühler im Leinenschlag.
2. Am Ende des Kopfes teilt man die 6 KP und klöppelt mit je 3 KP die Fühler.
3. Die oberen Flügel jeweils mit 3 KP und einem bunten Faden beginnen. Bereits in der nächsten Reihe wieder ein KP aufnehmen und im Leinenschlag weiterklöppeln. Noch 2 x ein KP aufnehmen (siehe Klöppelbrief).
4. Bei der oberen Flügelrundung das Laufpaar in der Mitte mehrmals drehen (siehe Bild).
5. Untere Flügel ab **X**-Zeichen im Halbschlag und Rand im Ganzschlag arbeiten. Ab dem zweiten **X**-Zeichen die untere Flügelrundung im Leinenschlag klöppeln.
6. Zweite Hälfte wie erste, ab **X**-Zeichen 3 x ein KP hinauslegen und die restlichen KP abknüpfen.
7. Flügelfüllung: Zuerst die Blättchenfüllung (2 KP) arbeiten und dann mit 1 KP die Dreieckform. Enden wie die Zeichnung es zeigt.

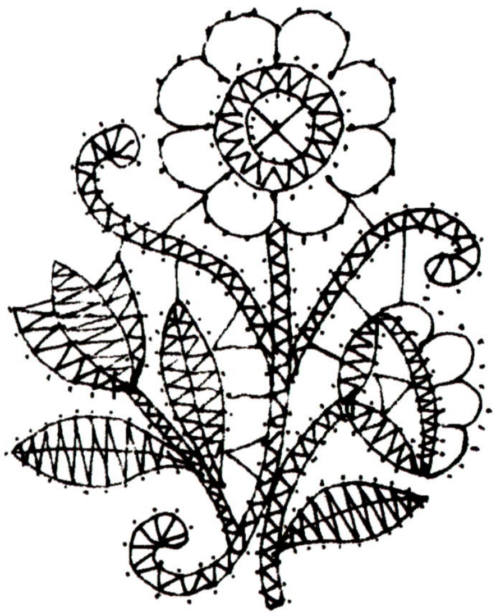

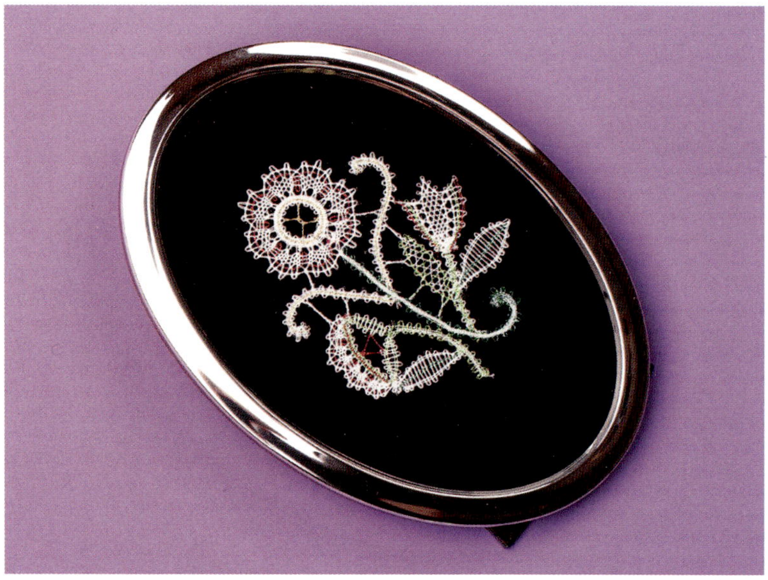

MATERIAL	Ägyptische BW 60 Glitzerfäden gold, grün und weinrot		
AUSFÜHRUNG	Blüte:	Innenring:	4 KP weiß, 1 KP gold (Risspaar) Füllung Ganzschlag
		Blütenblätter:	5 KP weiß, 1 Konturfadenpaar Glitzerfaden weinrot
	Stängel:		3 KP weiß, 1 KP grün (Laufpaar)
	Girlanden:		4 KP weiß, 1 KP Glitzerfaden gold (Risspaar)
	Halbblüte:	Blütenblätter:	Leinenband mit 4 KP beginnen, Laufpaar weiß, 2 grüne KP und ein weinrotes Glitzerfadenpaar. Die grünen Glitzerfäden abknoten. Das weinrote Glitzerfadenpaar wird zum Konturfadenpaar. 4 KP aufnehmen und mit 5 KP die Blütenblätter klöppeln.
	Stängel:		3 KP weiß, 1 KP Glitzerfaden grün (Laufpaar), 2 Risspaare weiß
	Knospe:		Mitte: 8 KP weiß Rand rechts und links: je 1 KP weiß, 1 KP grün, 1 KP weinrot
	Kleines Blatt:		3 KP weiß, 1 KP grün
		Blatt 1:	3 KP weiß, 1 KP Glitzerfaden grün
		Blatt 2:	3 KP weiß, 2 KP Glitzerfaden grün
	Verbindungen:		falsche Flechter

ZARTE LIEBESGABE

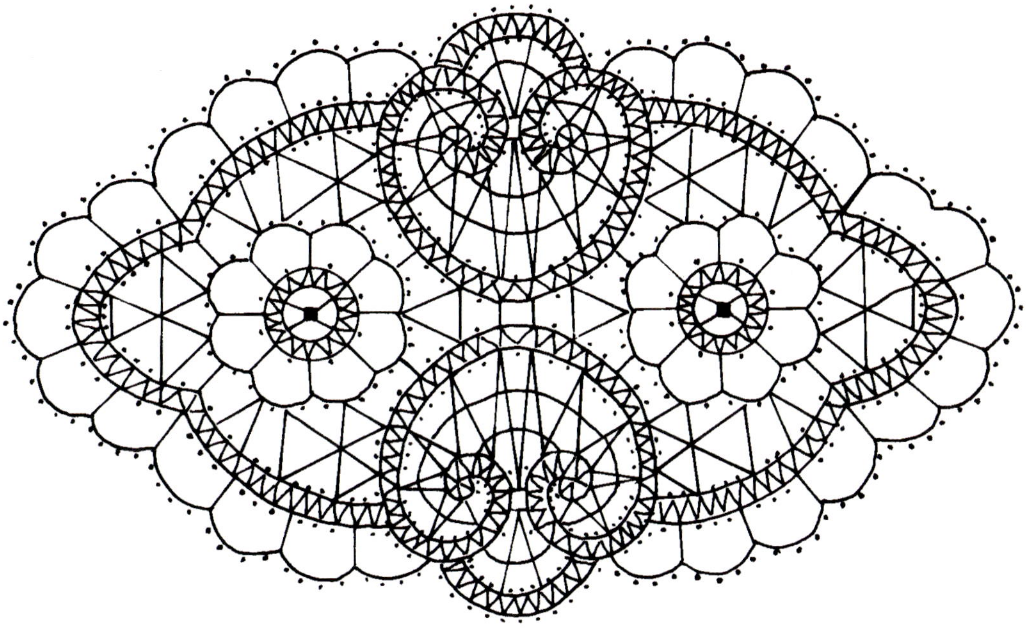

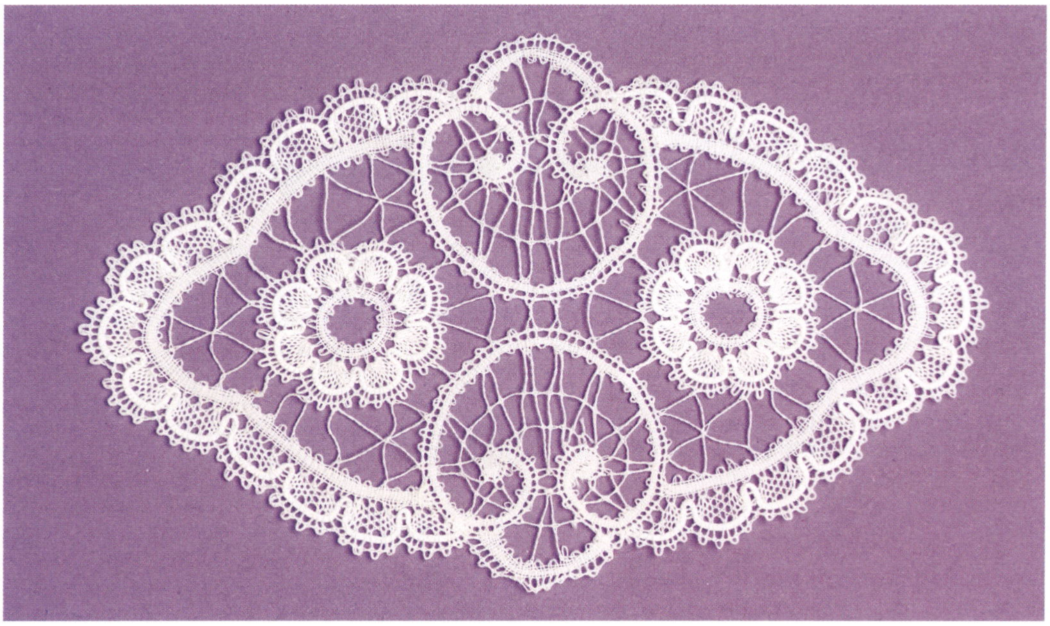

MATERIAL	Ägyptische BW 60 Konturfaden BW 20	
AUSFÜHRUNG	Blüte:	siehe Grazer Blüte
	Außenrand:	6 KP für Leinenbändchen 5 KP + 1 Konturfadenpaar für Bogen
	Halbbogen mit Locke:	5 KP für Leinenbändchen mit Ganzschlagrand
	Kleiner Bogen:	5 KP
	Verbindungen:	falsche Flechter, Dreieckfüllung mit Flechter 2 KP für Formschlag Karo

MATERIAL BW 80

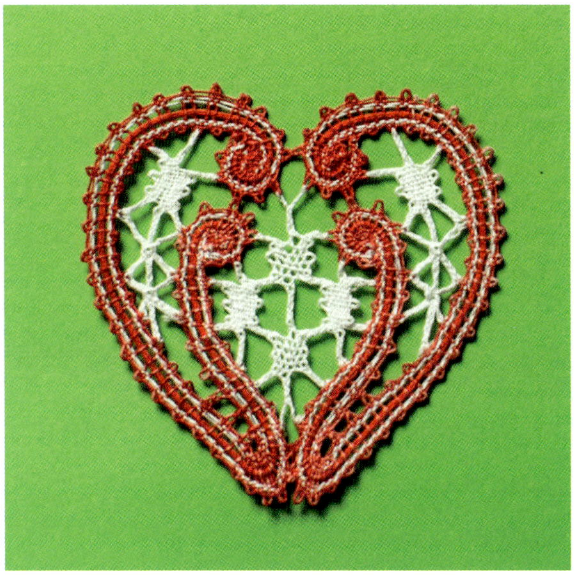

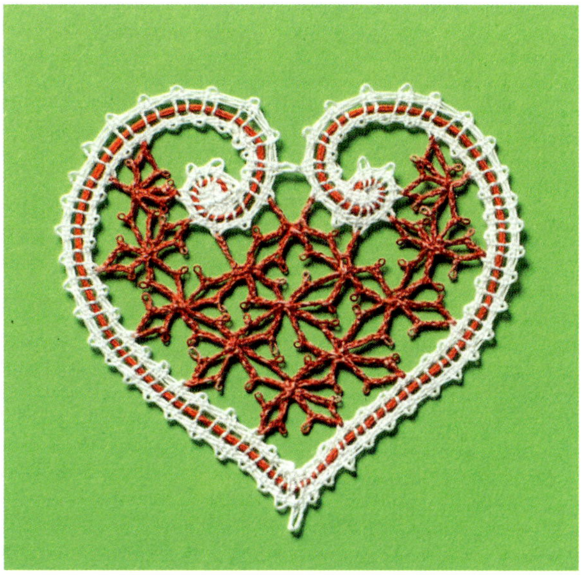

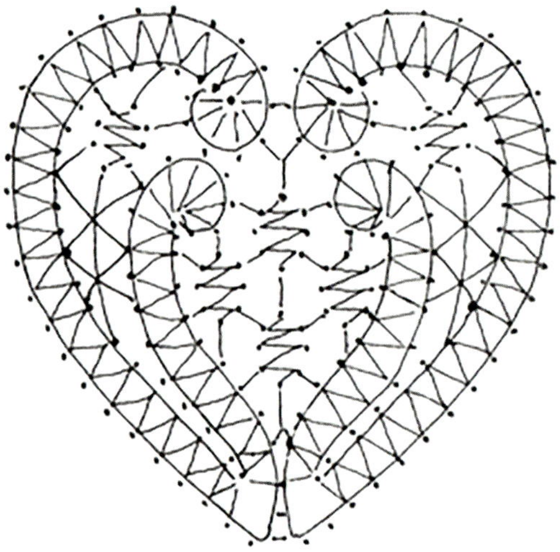

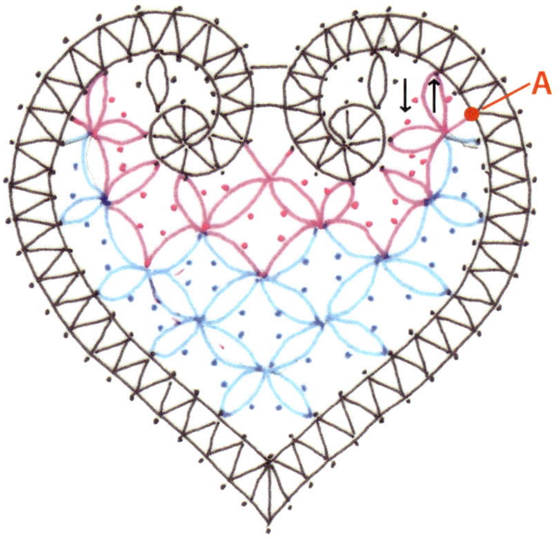

Rand mit Locken: 5 KP
Füllung: außen je 6 KP
Mitte 14 KP

Rand mit Locken: 6 KP
Füllung: 2 KP
Beginn bei A
Pfeil zeigt die Klöppelrichtung an
(zuerst rot, dann blau).

MATERIAL BW 80
Konturfadenpaar Perlgarn 8

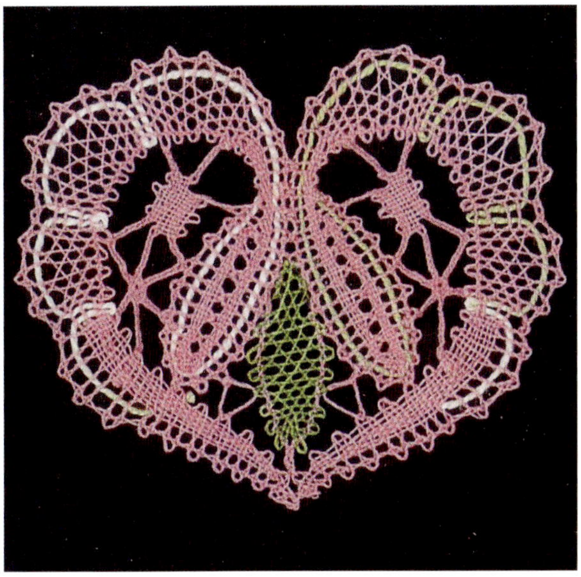

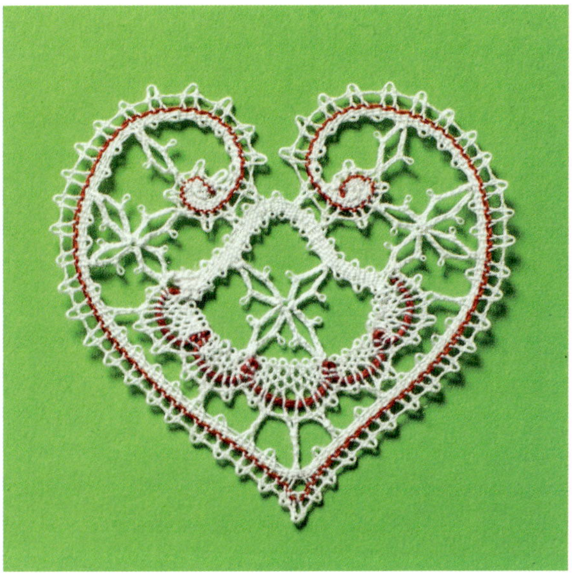

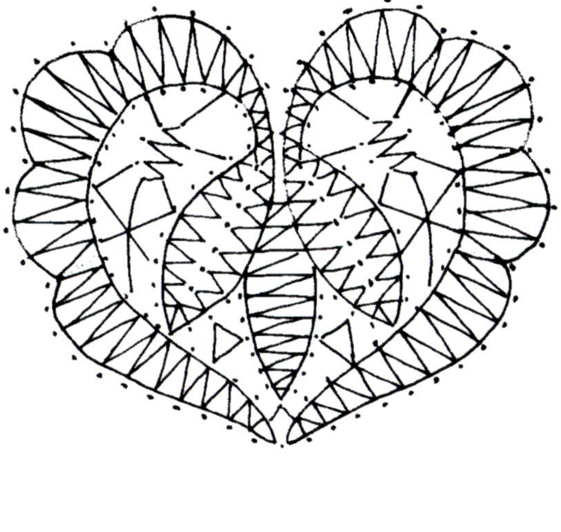

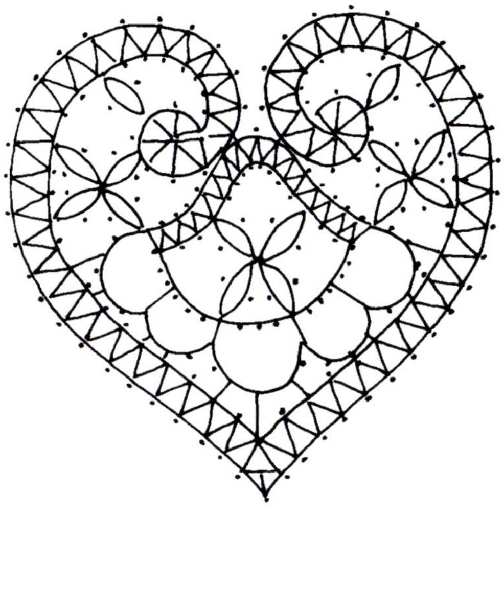

Rand und Blätter: 6 KP
1 Konturfadenpaar
Füllung: je 6 KP

Rand: 5 KP
Mitte: 5 KP, 1 Konturfadenpaar
2 KP für die Flechterblüten mit Ösen

ANHANG 1: DAS ABKNÜPFEN

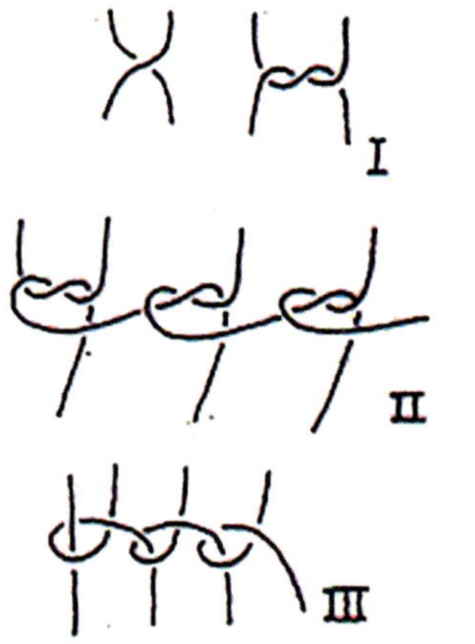

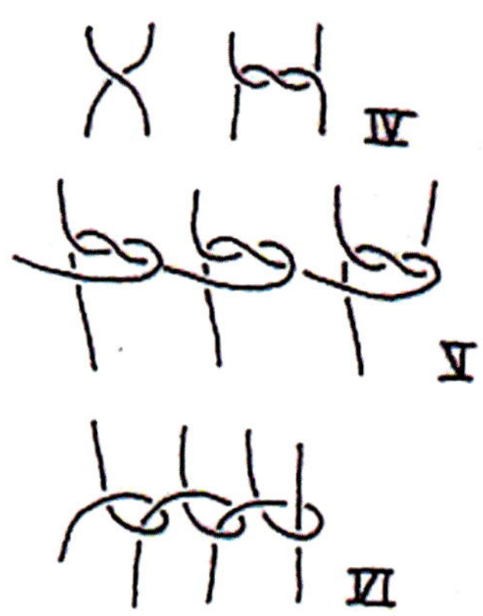

1. Erste Reihe (von rechts nach links): Wir nehmen rechts die ersten beiden Klöppel (Kl) in die Hand und legen den rechten Kl. über den linken Kl. und machen einen halben Knoten (I).

2. Der rechte Kl. bleibt in der Hand, der linke Kl. wird weggelegt (II).

3. Die folgenden Fäden in dieser Weise abknüpfen. Dadurch, dass wir den linken Kl. weglegen und mit dem rechten Kl. weiterarbeiten, drehen wir den Knoten um (III).

4. Zweite Reihe (von links nach rechts)
   Analog zur ersten Reihe.
   Wir nehmen links die ersten beiden Kl. in die Hand und legen den linken über den rechten Kl. und machen einen halben Knoten (IV).

5. Der linke Kl. bleibt in der Hand, der rechte Kl. wird weggelegt (V).

6. Die folgenden Fäden in dieser Weise abknüpfen. Dadurch, dass wir den rechten Kl. weglegen und mit dem linken Kl. weiterarbeiten, drehen wir den Knoten um (VI).

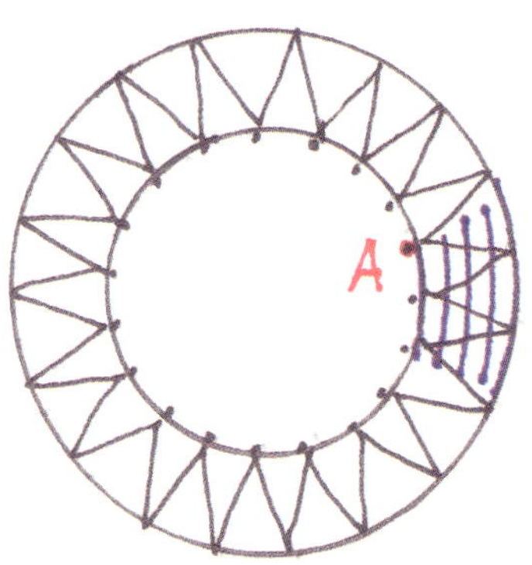

Bei **A** mit dem Kreis beginnen und den Kreis klöppeln. Die Fäden durchziehen und mit dem Abknüpfen beginnen. Beendet wird das Abknüpfen, indem wir auf den letzten Knoten noch einen halben Knoten machen. Dann kann abgeschnitten werden.

ANHANG 2: KONTURFADEN, DREIECK, GRAZER ÖSE

RICHTUNG DES KONTURFADENS

a. **Von rechts nach links:** KP 2 x drehen, Konturfaden zwischen das KP legen und dasselbe noch 1 x drehen

b. **Von links nach rechts:** KP 1 x drehen, Konturfaden zwischen das KP legen und dasselbe noch 2 x drehen

links rechts

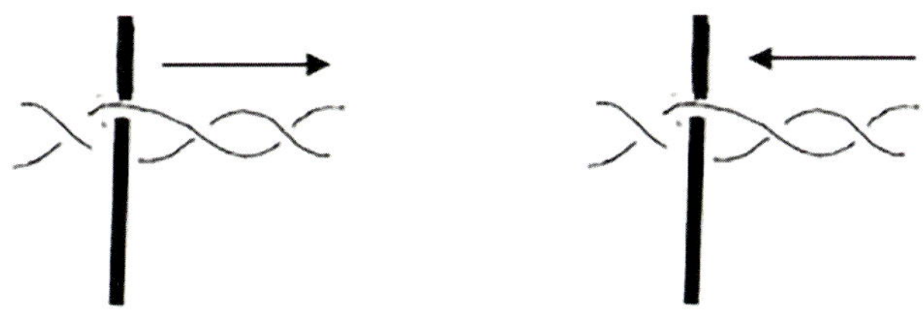

DREIECK

Das Dreieck kann je nach Klöppelbrief mit einem KP, welches mehrmal gedreht wird, oder mit einem Flechter gearbeitet werden.

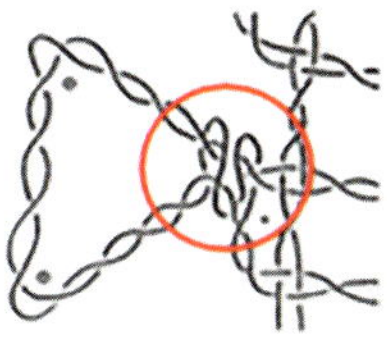

GRAZER ÖSE

linke Öse

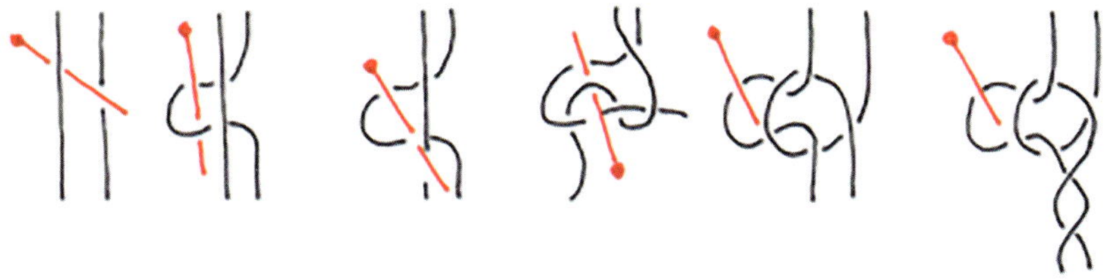

rechte Öse

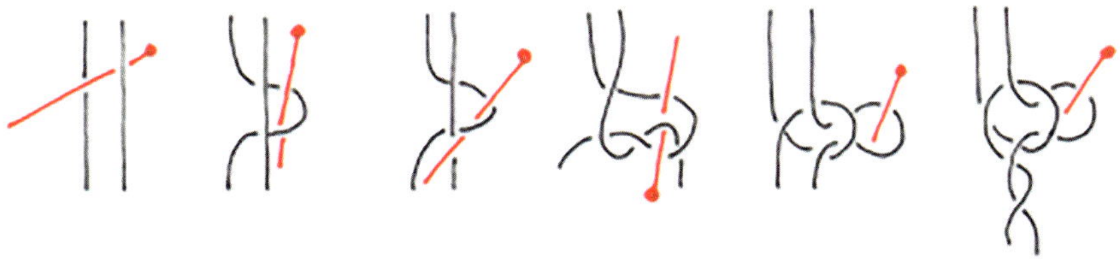

Nach Beendigung das Laufpaar 2 x drehen.

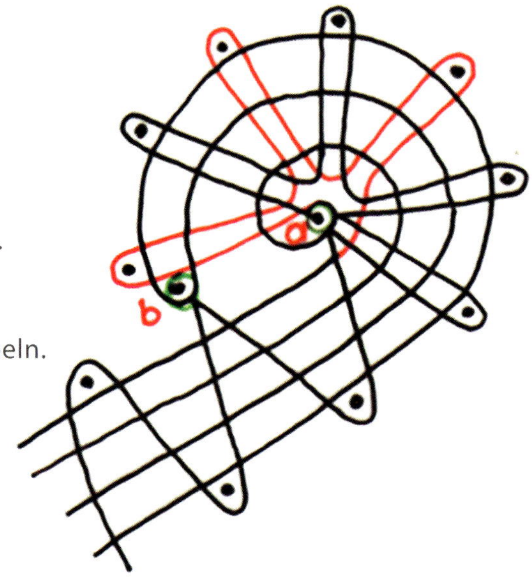

ANFANG DER LOCKE

1. Bei Nadelpunkt **a** 3 KP offen anhängen.
   Bei Nadelpunkt **b** 2 KP offen anhängen (siehe Zeichnung).
2. Bei Nadelpunkten ⊙ anhäkeln.
3. Die rote Farbe zeigt den Laufpaarwechsel an.
4. Die Locke bei Nadelpunkt **b** beenden und das Band klöppeln.

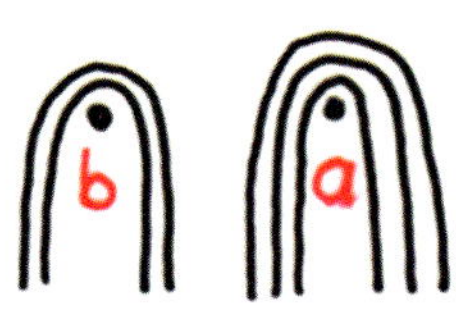

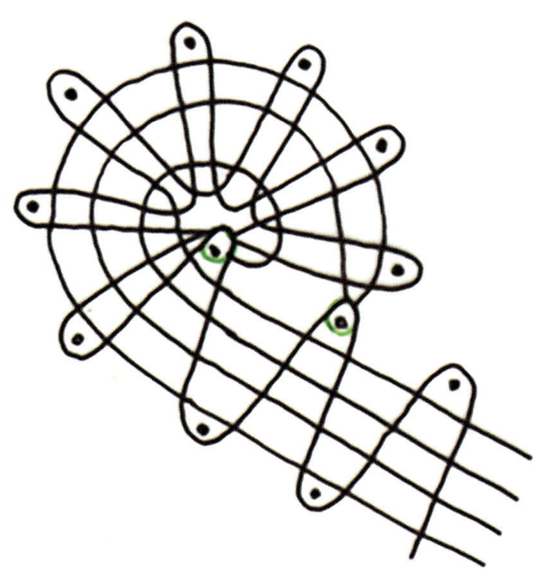

ENDE DER LOCKE

1. Den Fadenverlauf nach technischer Zeichnung arbeiten.
2. Bei den Nadelpunkten ⊙ anhäkeln und abknüpfen.

ANHANG 4: DAS EINFÜGEN DER PERLE

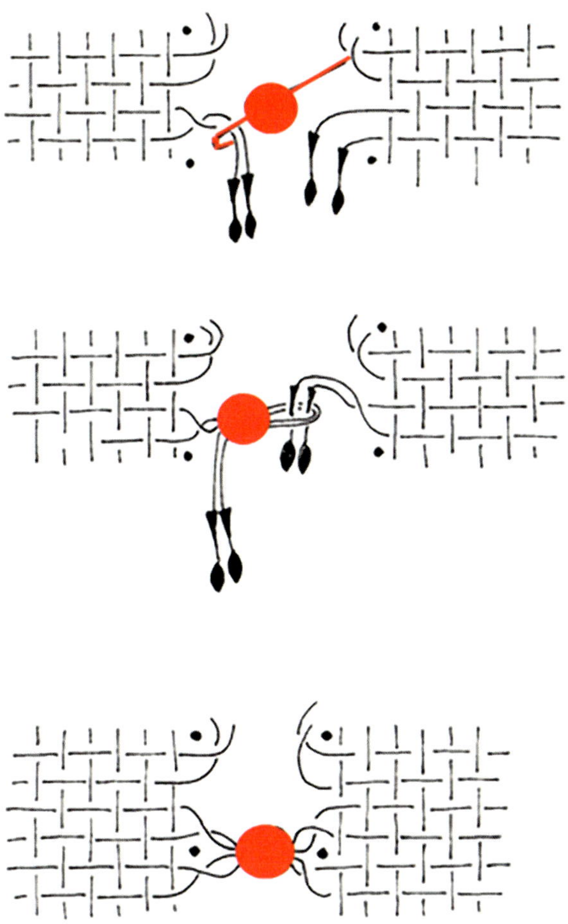

1. Bänder gleichzeitig klöppeln.

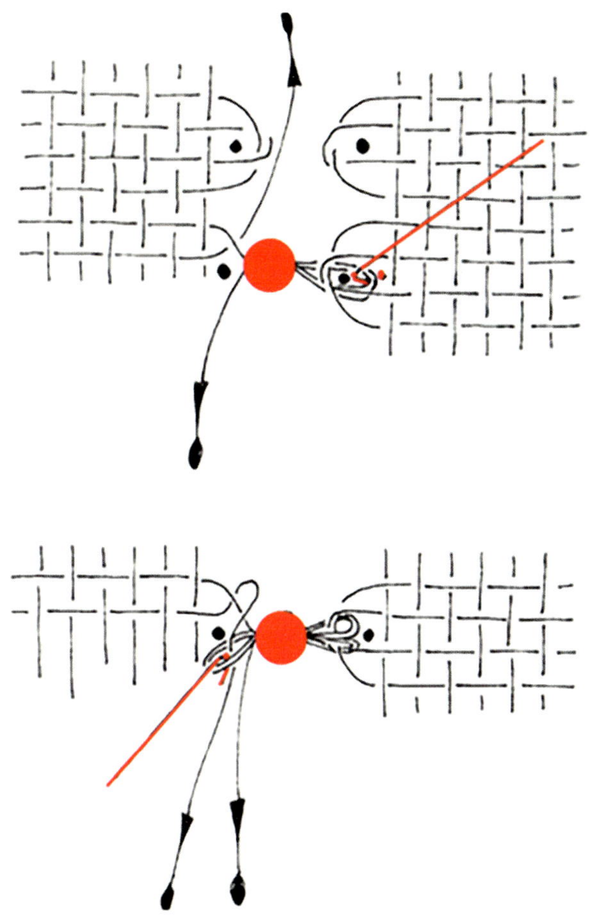

2. Perlen am bestehenden Band einhängen.

KÄSTCHENSTICH

von rechts nach links

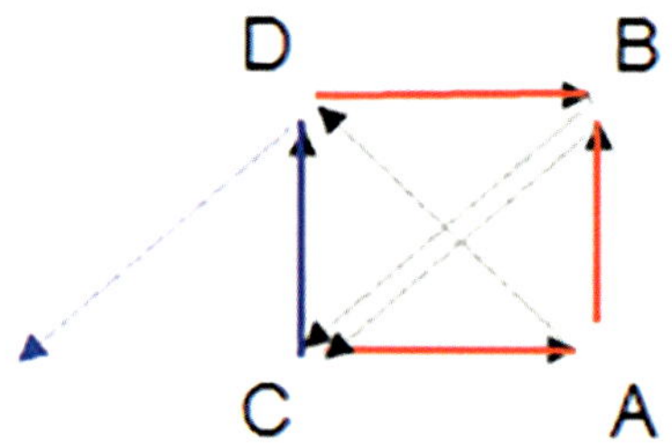

von A nach B
von B nach C
von C nach A
von A nach D
von D nach B
von B nach C

An der Rückseite ist ein Kreuz zu sehen.

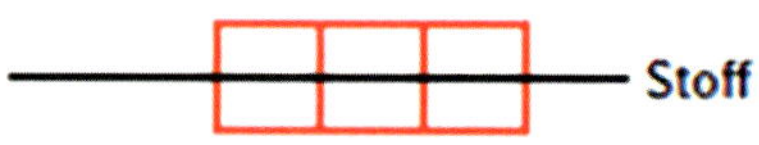

Stiche gut anziehen, sodass eine Ajourlinie entsteht.

MASCHENSTICH (3-SEITEN STICH)

von rechts nach links

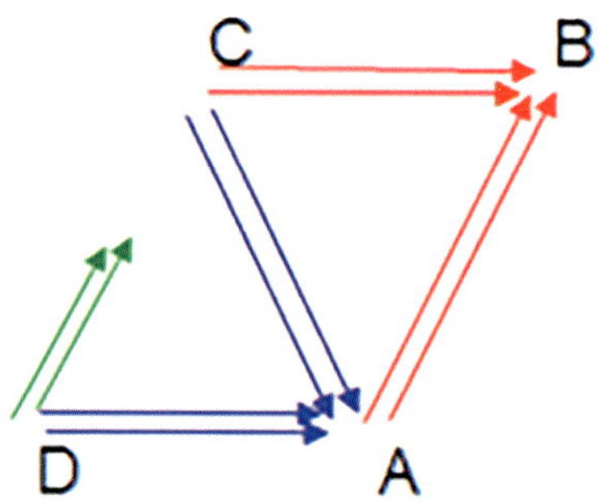

von A nach B 2 x
von C nach B 2 x
von C nach A 2 x
von D nach A 2 x
von D nach C 2 x

usw.

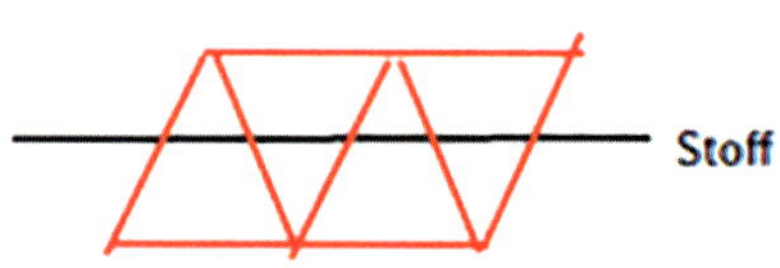

Stiche gut anziehen, sodass eine Ajourlinie entsteht.

DOPPELTER STICH

von rechts nach links

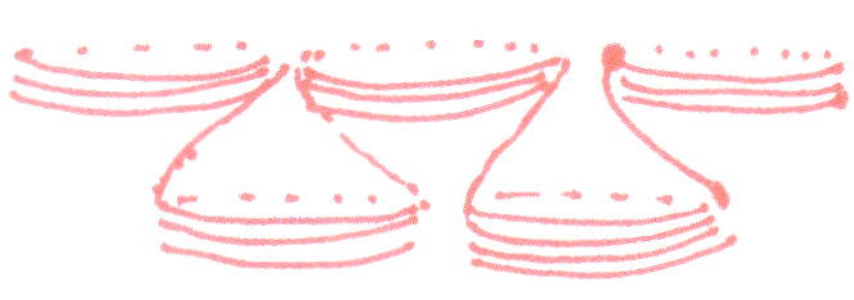

Anfang: 4 Fäden 3 x umschlingen,
2–3 Fäden nach unten zählen und versetzt zwei alte und zwei neue Fäden wieder 3 x umschlingen usw.

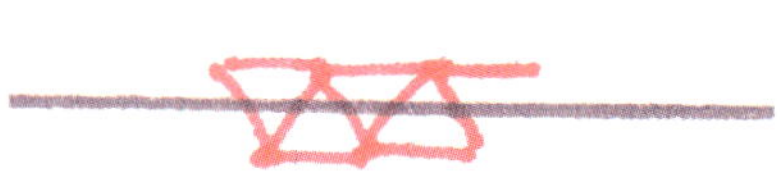

Stoff: Stiche gut anziehen. So entsteht eine Ajourlinie und ein Saum wird unnötig.

Dieser Stich ist besonders gut geeignet für runde Arbeiten.

Abschluss	*finish*	*fin(issage)*	*terminazione*
achteckig	*octogonal*	*octogonal*	*ottagonale*
Anfang	*beginning*	*début*	*principio, inizio*
Anhang	*appendix*	*appendice*	*appendice*
Anzahl	*number*	*nombre*	*numero*
Arbeitsweise	*working method*	*méthode de travail*	*modo di lavorare*
Armband	*bracelet*	*bracelet*	*braccialetto*
Ausführung	*execution*	*exécution*	*costruzione*
Außenrand	*outer edge*	*bord extérieur*	*parte esteriore*
Baumwolle	*cotton*	*coton*	*cotone*
Beginn	*beginning*	*début*	*principio, inizio*
benötigtes Material	*equipment*	*matériel*	*occorente*
Blatt	*leaf*	*feuille*	*foglia*
blau	*blue*	*bleu*	*azzuro*
Blume	*flower*	*fleur*	*fiore*
Blütenblatt	*petal*	*pétale*	*petalo*
Bogen	*scallop*	*feston*	*festone*
Börtchen	*edging*	*volant*	*orlo*
Breite	*width*	*largeur*	*larghezza*
Deckchen	*doily*	*napperon*	*centrino*
Details	*details*	*détails*	*dettagli*
doppelt	*twice*	*deux fois*	*due volte*
drehen (dr)	*twist*	*tordre*	*girare*
dunkel	*dark*	*foncé*	*scuro*
Ecke	*corner*	*coin*	*angolo*
einhäkeln	*crochet in*	*accrocher*	*agganciare*
einhängen von Paaren	*add in, bring in bobbin pair*	*ajout de fuseaux*	*aggiunta di coppie*
Ende	*end*	*fin*	*fine*
erste	*first*	*premier*	*primo*
Faden	*thread*	*fil*	*filo*
Fadenstärke	*thickness of the thread*	*épaisseur du fil*	*grossezza del filo*
falscher Flechter	*false plait*	*fausse tresse*	*treccia falsa*
Farbe nach Wahl	*colour of your choice*	*couleur au choix*	*colore a scelta*
fixieren	*fix*	*fixer*	*fissare*
Flechter	*plait, braid, bar*	*tresse,natte*	*treccia*
Füllung	*filling*	*remplissage*	*ripieno*
Ganzschlag	*cloth stitch and twist*	*passée tordue*	*passata intera*
Garn	*yarn*	*fil*	*filo*
gelb	*yellow*	*jaune*	*giallo*
Gold	*gold*	*or*	*oro*
grün	*green*	*vert*	*verde*
Häkelnadel	*crochet hook*	*crochet*	*uncinetto*
Halbschlag	*half stitch*	*point grille, demi-passée*	*mezza passata*
hell	*light*	*clair*	*luminoso*
Herz	*heart*	*coeur*	*cuore*
Innenrand	*inside edge*	*bord intérieur*	*parte interiore*
Innenring	*inner ring*	*cercle intérieur*	*anello interno*
Kästchenstich	*four-sided stitch*	*point quadrillé*	*punto quadrato*
Kettenstich	*chain stitch*	*point de chaînette*	*punto a catenella*
Kleeblatt	*trefoil leaf*	*feuille de trèfle*	*foglia di trifoglio*
Klöppel	*bobbin*	*fuseau*	*fusello*
Klöppelbrief	*grid*	*patron*	*disegno schematico*
Klöppelkissen	*lace pillow*	*coussin, métier*	*cuscinetto,tombolo*
Klöppelpaar (KP)	*pair of bobbins*	*paire de fuseaux*	*coppia di fuselli*
Klöppelspitze	*bobbin lace*	*dentelle au fuseau*	*pizzo a fuselli*
Knopf	*button*	*bouton*	*bottoncino*
Knospe	*bud*	*bouton de fleur*	*bottone*
Knoten	*knot*	*noeud*	*nodo*
Konturfaden	*outline thread*	*bourdon, fil contour*	*filo di contorno*
kreuzen (kr)	*crossing*	*croiser*	*incrociare*

kreuzen (kr)	crossing	croiser	incrociare
Laufpaar	worker, weaver	meneur, voyageur	coppia di passata
Laufpaarwechsel	exchange of weavers	échange de voyageurs	cambio delle coppie di passata
Leinen	linen	lin	biancheria
Leinenschlag	linen stitch	point de toile, point entier	passata, punta tela
letzte	last	dernier	ultimo
lila	purple	violet,lila	viola, violetto
links	left	gauche	sinistra
Löcherschlaggrund	torchon ground	fond torchon	fondo di torchon
meliert	flecked	moucheté	puntinato
mercerisiert	mercerised	mercerisé	lucido
Merkmale	characteristics	caractéristiques	caratteristiche
Mitte	centre	centre,milieu	centro
Motiv	motif, design	motif	motivo
Muster	pattern	modèle,patron	modello,disegno
Nadel	needle	aiguille	ago
Netzgrund	half stitch closed part	grillé, mat grillé	fondo rete
nochmals drehen	extra twist	re-tordre	girare di nuovo
oben	(at the) top	en haut	di sopra
orange	orange	orange	arancio
Perle	pearl	perle	perla
Picot (Öse)	picot	picot	pippiolino
Rand	edge	lisière,bord	cimosa
Ranke	tendril	vrille	viticcio
Rechteck	rectangle	rectangle	rettangolo
rechts	right	à droite	destra
Ring	ring	anneau	anello
Risspaar	passive/hanging pair	paire pendante	coppia di base
Rollkissen	roller pillow	coussin à rouleau	cuscinetto con rotolo
rosa	pink	rose	rosa
rot	red	rouge	rosso
Schere	scissors	ciseaux	forbici
Schiffchenarbeit	tatting	frivolité	occhi
Schmetterling	butterfly	papillon	farfalla
schwarz	black	noir	nero
Seide	silk	soie	seta
Serviette	napkin	serviette	tovagliuola
Silber	silver	argent	argento
Sonnenblume	sunflower	tournesol	girasole
Spinne	spider	araignée	ragno
Spitze	lace, point	dentelle,point	pizzo, punta
Stärke	thickness	épaisseur	grossezza
Stecknadel	pin	épingle	spillo
Stern	star	étoile	stella
Stielstich	stem stitch	point de tige	punto di stelo
Stopfstich	darning stitch	point de reprise	punto di rammendo
technische Zeichnung (TZ)	diagram	dessin technique	diagramma
Tischdecke	tablecloth	dessus de table	tavolina
Torchon-Spitze	torchon lace	dentelle torchon	pizzo torchon
Tulpe	tulip	tulipe	tulipano
unten	(at the) bottom	en bas	di sotto
Untersatz	coaster, saucer	soucoupe,sous-verre	piattino
verbinden	connect, join	joindre, relier	collegare
Verbindung	joint	raccord,jonction	unione,collegamento
Verzierung	ornament	ornement	adornamento
weiß	white	blanc	bianco
Wickelstich	cord stitch	point de cordonnet	punto di cordone
wiederholen	repeat	répéter	ripetere
Wolle	wool	laine	lana
Zeichnung	drawing	dessin	disegno
zusätzliches Paar	extra pair	paire supplémentaire	coppia addizionale

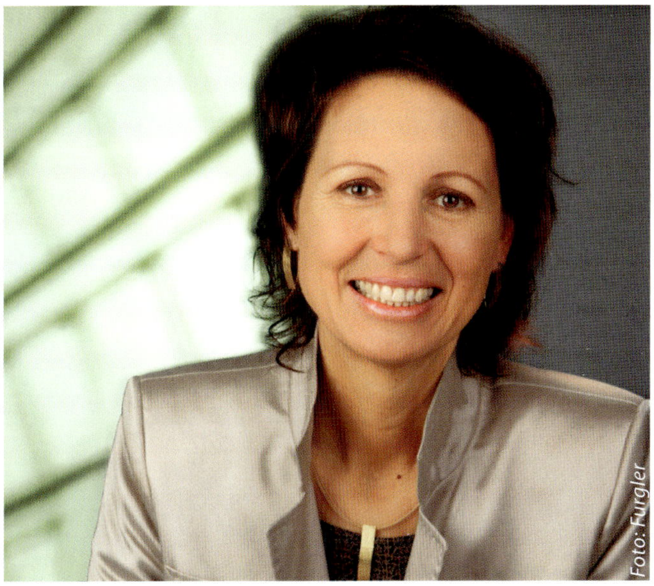
Foto: Furgler

Liebe Klöppelfreunde !

Graz ist UNESCO City of Design und damit eine lebendige Kulturhauptstadt im Herzen Europas.
Das bedeutende kulturelle Erbe, aber auch das vielfältige, kreative Potential im Bereich Kunst und Kultur ist beeindruckend und wird international wahrgenommen. Ideenreichtum, Innovation und Kreativität sind heute wichtige Wirtschaftsfaktoren im globalen Wettbewerb, sie ermöglichen uns die bewusste Gestaltung unseres Lebensraumes.
Kreativität ist auch gefragt, wenn es um die Verwirklichung textiler Kunst geht.
Seit drei Jahrzehnten gibt es im Bildungshaus Schloss St. Martin am Stadtrand von Graz eine sehr lebendige Klöppelszene, die sich mittlerweile auch auf viele steirische Regionen und ebenso auf andere Bundesländer in Kursen und Ausstellungen ausgedehnt hat.

Um 1910 ist in Graz erstmals eine Klöppelspitze namens „Grazer Spitze" entstanden. Hundert Jahre später hat Emma de Ro aus einem kleinen vorliegenden Entwurf ein großes Werk geschaffen. Die feinste, zarteste Umsetzung der „Grazer Spitze" liegt nun in Buchform vor und wird hier erstmals in ihrer Formvollendung präsentiert. Dieses Buch zeigt die Fülle der neu entwickelten Spitzen und dokumentiert eindrucksvoll die Aktualität dieser alten textilen Kunst. Die künstlerische Gestaltung der Klöppelbriefe und die Umsetzung der neuen, kreativen Entwürfe sind möglich, weil viele eifrige Gruppen rund um Emma de Ro die Liebe zu dieser alten Handwerkskunst bewahrt haben und aktiv leben.

Ihre Vision ist die textile Neugestaltung aller alten europäischen Handwerkstechniken und die Erhaltung dieser Kunst für die nachfolgenden Generationen. Voll Freude sei ihr und ihrem Team an dieser Stelle ein herzliches Danke gesagt!

Anna Thaller

Dipl.Päd.[in] Ing.[in] Anna Thaller
Direktorin des Bildungshauses

Umschlaggestaltung: graphiczone, Christine Hofer-Lukic, www.tg-graphiczone.com
Titelbild: graphiczone, Christine Hofer-Lukic, www.tg-graphiczone.com
Bildnachweis: graphiczone, Christine Hofer-Lukic, www.tg-graphiczone.com

Bibliographische Information der Deutschen Nationalbibliothek
Die Deutsche Nationalbibliothek verzeichnet diese Publikation in der Deutschen Nationalbibliographie; detaillierte bibliographische Daten sind im Internet über http://dnb.d-nb.de abrufbar.

Hinweis:
Dieses Buch wurde auf chlorfrei gebleichtem Papier gedruckt. Die zum Schutz vor Verschmutzung verwendete Einschweißfolie ist aus Polyethylen chlor- und schwefelfrei hergestellt. Diese umweltfreundliche Folie verhält sich grundwasserneutral, ist voll recyclingfähig und verbrennt in Müllverbrennungsanlagen völlig ungiftig.

Auf Wunsch senden wir Ihnen gerne kostenlos unser Verlagsverzeichnis zu:
Leopold Stocker Verlag GmbH
Hofgasse 5 / Postfach 438
A-8011 Graz
Tel.: +43 (0)316/82 16 36
Fax: +43 (0)316/83 56 12
E-Mail: stocker-verlag@stocker-verlag.com
www.stocker-verlag.com

ISBN 978-3-7020-1527-5

Layout: graphiczone, Christine Hofer-Lukic, www.graphiczone.com

Gesamtherstellung: hm•perfectprintconsult•eu